Sven Radestock

Neumünster

Das Herz am großen Flecken

Geschichten & Anekdoten

Bildnachweis

Cover: Blick über den Großflecken mit Busbahnhof und Parkplatz-Baustelle im April 1960 (Stadtarchiv Neumünster)

Stadtarchiv Neumünster: S. 6, 7, 10, 22, 47, 50, 71, 76; Privatsammlung L. Fock: S. 12, 15, 16; Walter Erben/Archiv: M. Krebs: S. 19, 32, 33; Privatsammlung R. Koch: S. 25; Privatsammlung D. Schweckendiek: S. 27, 30; B. Schatzmann/F. Haar: S. 34; S. Radestock: S. 37, 56, 60, 78; wikicommons/Yann: S. 42; Privatsammlung C. Schmid: S. 53; Privatsammlung H.-G. Himmelreich: S. 58; wikicommons/User:Nightflyer/gallery 2: S. 67; Privatsammlung A. Schulzke: S. 72.

Danksagung

Viele Menschen haben ein großes Herz, noch dazu eines am großen Flecken, bewiesen, als ich an diesem Geschichtenbuch gearbeitet habe. Ich danke allen, die mir aus ihrem Leben erzählt haben, mit denen ich mich treffen, telefonieren und chatten durfte – und die sich nicht an ungenierten Nachfragen gestört haben. Ein herzliches Dankschön auch an Dr. Carsten Obst vom Stadtarchiv und an Monika Krebs für ihre unkomplizierte Foto-Hilfe sowie an die vielen Mitglieder der Gruppe „Neumünster … Damals und heute“. Und natürlich danke ich meinen persönlichen Herzensmenschen für Geduld, Bescheidwissen und liebevolle Motivation bei diesem Projekt.

1. Auflage 2022

Layout: Da Forma Agentur für Gestaltung, Gudensberg
Satz: Schneider Professionell Design, Schlüchtern-Elm
Druck: Rindt Druck, Fulda
Buchbinderische Verarbeitung: Buchbinderei S. R. Büge, Celle

34281 Gudensberg-Gleichen, Im Wiesental 1
Tel. 0 56 03 - 9 30 50   www.wartberg-verlag.de
ISBN 978-3-8313-3369-1

Inhalt

Vorwort

Dieses kleine Buch wird Ihr Leben verändern. Jedenfalls ein bisschen. Zumindest Ihr Blick auf Neumünster wird ein anderer werden. Sie werden beim Bummel durch die Innenstadt an die verschüttete Unterwelt des Großflecken denken, und in Tungendorf wird vor Ihrem geistigen Auge ein sympathischer Schornsteinfeger auf den Dächern balancieren.

Sie werden sich mehr als einmal fragen, an welcher Stelle unserer Stadt ein auf der Leinwand unbesiegbarer James Bond beinahe sein Leben verloren hätte. Sie werden den Mond, den Sternenhimmel und Filme mit Klaus Kinski mit anderen Augen sehen. Und vielleicht werden Sie sogar alte Kartons hervorkramen, um einen nostalgischen Blick auf ihre alte Puppe oder die eingemottete Märklin-Eisenbahn zu werfen. Diese und ähnliche Effekte sind unvermeidbar, wenn auch Sie das Herz am großen Flecken haben.

Über die Geschichte unserer Stadt Neumünster mit ihren Fabriken, der Textilindustrie, dem Gefängnis und der Bundeswehr wurde schon viel Kluges geschrieben. Auf den folgenden Seiten soll es um die kleinen, persönlichen Erlebnisse gehen. Und die wirken, wie wir es aus der Schule kennen – Jahreszahlen mussten wir mühsam auswendig lernen, die vermeintlichen Nebensächlichkeiten bleiben von alleine hängen. Und von denen gibt es in diesen Geschichten jede Menge: Weshalb die Moorleiche im Textilmuseum Rosalinde hieß zum Beispiel und weshalb Lämmer sich nur bedingt als Haustiere eignen.

Ein Geschichtenbuch mit viel kleinem Wissen, das Sie zwar nicht unbedingt brauchen, aber dafür auch nicht vergessen.

Ich wünsche Ihnen viel Spaß beim Lesen, Erinnern, Fortsetzen und Weitererzählen!

Sven Radestock

Großflecken: Für Fußgänger gings bergab

„Erstmal tief einatmen, Luft anhalten – und dann bloß schnell durch“: Sonja erinnert sich und spürt eine leichte Gänsehaut. Damit ist die 56-jährige Angestellte aus Neumünster nicht allein. Der Fußgängertunnel unter dem Großflecken war für Neumünster das, was in der Landeshauptstadt Kiel die Seilbahn über dem Kleinen Kiel war. Heute rümpfen viele die Nase, wenn es um diese stadtplanerische Tat geht. Aus zeitgenössischer Sicht sollte es für die Fußgänger in einem schmucken Superlativ hinabgehen: Das Bauwerk wurde als „modernster Fußgängertunnel Europas“ gefeiert, als Ende der 60er-Jahre die Neumünsteraner Innenstadt um eine Etage nach unten erweitert wurde. Eine Idee, die man 20 Jahre später im wahrsten Sinne des Wortes begraben hat, aber die Erinnerungen kommen immer wieder an die Oberfläche. Kein Wunder – das Erscheinungsbild des Großflecken als zentralem Platz der Stadt wird nach wie vor heiß diskutiert. Damals wie heute. Und wohl auch in Zukunft.

Eine grundsätzliche Frage ist geblieben: Wie kommen Autos und Fußgänger möglichst schadlos miteinander klar? Motorisierten Verkehr gab es zwar in früheren Jahrzehnten weitaus weniger als heute, dafür allerdings nahm er viel Raum ein. Die Autobahn 7 gab es noch nicht, die wurde erst mit den Olympischen Spielen 1972 vollendet. Vorher führte der Fernverkehr einmal mitten durch Neumünster.

In den 50er-Jahren hatte der moderne Autoverkehr Vorfahrt und die Stadt reagierte auf die ständig zunehmende Zahl der Fahrzeuge, indem sie ihnen mehr Platz gab. Das wurde aufwendig zelebriert: Am 17. September 1951 feierten viele Einwohner die neue Ortsdurchfahrt der Bundesstraße 4/Europastraße 3.

Hinab in die Unterwelt: 20 Jahre lang wurden Fußgänger eine Etage unterhalb von Großflecken durch die Innenstadt geführt. Es gab insgesamt vier Ein- und Ausgänge – hier der Eingang an der Holstenstraße, fotografiert 1968.

Viele Menschen säumten die Kieler Brücke. Dort, wo die Schwale in den Teich mündet, waren die Fahnen gehisst, Männer, Frauen und Kinder standen dicht gedrängt beieinander. Sie verfolgten, wie ein Straßenbauer in einem von Blumen umrahmten Loch symbolisch den letzten fehlenden Pflasterstein einsetzte und Oberbürgermeister Walther Lehmkuhl von einem geschmückten Mercedes-Lastwagen aus feierlich feststellte: „Die neue Straße ist eine saubere Visitenkarte Neumünsters." „Sauber" scheint eine andere Bedeutung gehabt zu haben – für viele war die neue Durchfahrt aber zweifellos ein Zeichen, dass sechs Jahre nach Kriegsende bessere Zeiten angebrochen waren.

In den 50ern gehörten Busse zum Stadtverkehr und auf dem Nordteil des Großflecken wurde ein mächtiger Busbahnhof gebaut, eröffnet Pfingstsonnabend 1956. Der Großflecken als Verkehrsknotenpunkt! Nun fuhren nicht nur Autos links und rechts, sondern es fuhren und warteten auch Busse: die Fernbusse der Strecke Kiel-Hamburg, die Busse ins Umland und natürlich

die Stadtbusse. Die wurden zunächst von der Firma Glau und Habild betrieben (zum Teil sogar mit Anhänger), später von der Verkehrsbetriebe Hamburg-Holstein AG. Die meist rot-weißen Fahrzeuge mit den typischen abgerundeten Kanten prägten das Stadtbild ebenso wie die vielen Menschen, die sich trafen und aus heutiger Sicht erstaunlich gesittet auf den Plattformen warteten. Das was dem Großflecken an Pflanzenkübeln und Beeten fehlte, füllten die wartenden Menschen aus. Zusammengedrängt in Trauben standen sie an den Bussteigen. Immerhin: Ein Blumengeschäft gab es auch.
Der südliche Teil des Großflecken wirkte dagegen eher aufgeräumt und wohlgeordnet. Er war denen gewidmet, die sich mit eigenem Kraftfahrzeug in die Stadt aufmachten. Nur vereinzelt durften ein paar Beete Platz für sich in Anspruch nehmen, der Großteil der Fläche war als Parkfläche den Autos gewidmet. Dazwischen standen in regelmäßigen Abständen Straßenlaternen,

Große Interesse am neuen Fußgängertunnel: Oberbürgermeister Walther Lehmkuhl durchschnitt im Mai 1968 das Eröffnungsband.

jene mit ovalen, irgendwie sympathischen leuchtenden Köpfen und einem tellerähnlichen Deckel drauf, wie wir sie heute noch in einigen Nebenstraßen finden. Zweimal wurde der Parkplatz erweitert, Bäume mussten den Stellflächen weichen.

Umrahmt wurden der Norden und der Süden vom fahrenden Verkehr: Er führte vierspurig um die Parkplätze und den Busbahnhof herum. Vier Spuren, auf denen es zunehmend enger, lauter und voller wurde – die Rede war schließlich von 30.000 Fahrzeugen täglich. Die Geschäfte lagen am Rand des Platzes, Ampeln gab es lediglich bei Hertie im Norden und am Rathaus im Süden. Für Menschen, die den Großflecken queren oder auch nur über mehrere Fahrspuren zum Busbahnhof gelangen wollten, bedeutete das, es wurde immer schwieriger, zeitaufwendiger und gefährlicher. Höchste Zeit also für eine innovative Idee: Ganz gleich, ob nun die zu Fuß gehenden Menschen vor den Autos geschützt werden oder ob die Fußgänger gefälligst nicht ständig den Verkehr stören sollten – der Weg in die Zukunft verlief unter Tage. Für 650.000 Mark Baukosten.

Mit den Worten „Hier ist für die Zukunft gebaut worden" eröffnete Stadtbaurat Hans Rudolph gemeinsam mit Oberbürgermeister Walther Lehmkuhl im Mai 1968 stolz den Fußgängertunnel unter dem Großflecken.

Die Menschen freuten sich und gingen zunächst leicht ehrfürchtig staunend die Treppen hinunter. Ein Tunnel nur für sie, 100 Meter lang schlendern, ohne auf Autos achten zu müssen, entspannt von der Lütjenstraße in die Holstenstraße. Oder direkt zum Busbahnhof, denn der Tunnel hatte auch dort Ausgänge. Ja, das war modern, das musste wohl die Zukunft sein. Diejenigen, die damals Kinder waren, haben eine klare Erinnerung an diesen Tunnel, der ihnen so riesig erschien und viel größer, als er wirklich war. „Als Kind kam ich ruckzuck von a nach b

– bin immer gelaufen“, berichtet Anja-Carina Wulf. Sehr beliebt war es, von Aufgang zu Aufgang zu spielen. „Immer nach der Schule mussten wir auf unseren Bus nach Willingrade warten“, erzählt Hauke Jans: „Und dann haben wir auf der Holstenstraßen-Seite immer Fangen gespielt, von einer Seite zur anderen – dann durch den Tunnel rennen und am ZOB und Lütjenstraße die Zielpunkte gehabt.“ Und Rüdiger Tietgen weiß genau: „Da konnte man so schön drinne schreien als Kind und das hallte.“ Bei den Größeren waren da die Klänge der Straßenmusiker beliebt, die die Akustik der gefliesten Wände für sich entdeckt und häufig genutzt haben. „Nach der Schule habe ich mich immer beeilt, dort hinzukommen“, erzählt ein weiterer mittlerweile mittelalter Neumünsteraner. Und weil er einem netten Musiker beim Warten auf den Bus so gern lauschte, hat ihn das sogar zum Gitarre-Lernen inspiriert.

Barrierefreiheit war indes ein Fremdwort. Manchen blieb nur der gefährlichere Weg über die Durchgangsstraße mit ihrem Schwerlastverkehr, berichtet Frank Milkert: „Mit Rollstuhl, Kinderwagen oder im Alter konnte man gar nicht oder nur beschwerlich durch.“ Für andere wurde genau das zur willkommenen Herausforderung. Marcel Westphal war Anfang der 80er einer der ersten, der sich auf dem BMX-Fahrrad versuchte. Mit seinen beiden Freunden nutzte er zwar oft die Treppe an der Wippendorfschule, um mit dem Rad bis dato unbekannte Tricks zu vollführen, aber die Herausforderung in der Innenstadt war größer: „Der Tunnel war quasi ein Musthave, wenn du ein ernsthafter BMX-Fahrer sein wolltest. Wir sind da die Treppen immer mit dem Rad runtergesprungen. Es war praktisch, weil ja auch McDonald’s direkt vor der Tür war und damit hatten wir auch das Publikum vor der Nase, also die Mädels“, meint er lachend. „Da war man ein toller Hecht. Wie einfach die Dinge früher doch waren ...“

20 Jahre lang ging es für Fußgänger am Großflecken unter Tage.

Einige Geschäfte und das Theater nutzten den Weg unter den Großflecken, um in Vitrinen für sich und ihr Angebot zu werben. Eine „Haarhaus Boutique“ zum Beispiel für ihr reichhaltiges Perückenangebot. Der Postkeller war unkonventioneller: Ein altes Foto dokumentiert, dass ein handgeschriebener Hinweis den Weg zur Kultkneipe zeigte. Dieser Wegweiser wurde vermutlich von ausgelassenen Gästen aus einer Laune heraus gekritzelt; er blieb für lange Zeit und war offenbar erfolgreich. Den Postkeller gibt es nach wie vor – im Gegensatz zum Fußgängertunnel. Gerade mal 20 Jahre dauerte die vom Stadtbaurat zur Eröffnung beschworene Zukunft. Lediglich bis 1988 prägte der Tunnel das Bild der Innenstadt. Und ebenso die sinnlichen Eindrücke, so wie sie Sonja zu Anfang beschrieben hat. Wer über den Fußgängertunnel spricht, hat sehr schnell den strengen Geruch im Kopf. „Der Tunnel stank und verbreitete das Flair einer überdimensionalen Toilettenanlage“, meint Ute Jansen-Liebig: „Der Großflecken war damals nicht besser als heute. Die Neumünsteraner haben genauso geschimpft wie heute, haben genauso vom ‚guten, alten Neumünster‘ geschwärmt.“

Sein neues und inzwischen wieder umstrittenes aktuelles Gesicht erhielt der Großflecken 1988 bis 1991 und der Fußgängertunnel wurde zugeschüttet. Ob der jetzige indische Granit eines Tages ebenso verklärt diskutiert wird wie der Tunnel, ist fraglich. Der Platz erntete bei seiner Eröffnung ebenfalls reichlich Vorschusslorbeeren, doch die klingen heute genauso daneben wie der bereits erwähnte Tunnel-Superlativ. Mit dem „neuen Großflecken" würden Fußgänger problemlos über die Straße kommen, weil da ja viel weniger Autos führen, meinte die Ratsversammlung. Und die Heimatzeitung titelte tatsächlich: „Fußgänger stoppen Autos." Bei allem Fortschritt – das ist ihnen bis heute nicht gelungen.

Autoscooter und Schaschlik

Es gibt im Fahrgeschäft Klassiker, die überdauern Jahrzehnte. Dosenwerfen zum Beispiel, Salmie-Lollis, Lose ziehen, Berg-und-Tal-Bahnen oder die vier kleinen Würstchen. Die werden heute zwar nicht mehr in Schmalz, sondern in Pflanzenfett gebraten und aus Umweltgründen nicht überall auf Papptabletts gereicht, aber sie bleiben eine Spezialität für kleine Jahrmarkt-Gourmets. „Bratwurst war wohl schon immer dabei. Auch wenn die bis Mitte der 60er hauptsächlich aus Pferdefleisch gemacht wurde, weil das günstiger war", erzählt der Schausteller Ludolf Fock. „In den 50ern kam dann die Currywurst als Variante dazu, ab den 60ern war Schaschlik angesagt – das heißt: ‚Original kaukasisches Schaschlik' musste es heißen." Fock selbst nahm in den 80ern schließlich Schmalzkuchen ins Angebot, die sich jedoch als Mutzenmandeln besser verkaufen ließen und bis heute im Winterhalbjahr als Mutzen in der Neumünsteraner Innenstadt sehr beliebt sind.

Neumünster ist und bleibt die Hauptstadt der Schausteller in Schleswig-Holstein, seiner zentralen Lage wegen. Außerdem war mit den Soldaten aus mehreren Kasernen, die auch mal übers Wochenende in Neumünster blieben, und den vielen Arbeitern aus den Leder- und Tuchfabriken für ein feierfröhliches Stammpublikum gesorgt. So mancher Rummelschütze beeindruckte an der Schießbude junge Damen, und in der Berg-und-Tal-Bahn ergab sich im Rausch der wilden Gefühle so mancher erste Kuss.

In Neumünster und unmittelbarer Umgebung leben rund 30 Familien, für die der Rummel das Leben bedeutet. Jede Generation hat ihre eigenen Herausforderungen, die bei der Logistik beginnen. Bis in die 50er-Jahre hinein wurden für den Jahrmarkt Sonderzüge zusammengestellt. Die Schausteller muss-

Eine Mobilflotte wartet auf ihren Einsatz: Autoscooter Anfang der 60er-Jahre.

ten Fuhrunternehmen organisieren, die ihre Geschäfte und Wohnwagen zum nächsten Bahnhof brachten. Sie wurden mit Eisenketten auf Transport-Loren befestigt und zum nächsten Spielort gefahren. Das änderte sich erst, als sich die Unternehmer allmählich eigene Zugmaschinen leisteten, die ihre Wohn- und Packwagen bewegten. Das war zunächst ein mühsames Unterfangen, auch für den übrigen Verkehr, denn die zulässige Höchstgeschwindigkeit wurde erst nach und nach von anfangs 6 km/h auf 20 km/h Anfang der 60er- bis auf 25 km/h in den 70er-Jahren hochgeschraubt. Bei allein sechs Packwagen für einen einzigen Autoscooter eine echte Geduldsprobe für die nachfolgenden Autos.

Ludolf Fock kann sich gut daran erinnern. Bereits der Großvater hatte in Königsberg sein Geld im ambulanten Gewerbe verdient, bevor er nach dem Dienst in der Kaiserlichen Marine zunächst von Kiel, ab den 30er-Jahren von Neumünster aus mit Fahrgeschäften wie dem „Kettenflieger“ und der „Raketenfahrt zum Mond“ auf Reisen ging. Autoscooter, Achterbahnen sowie Berg- und Tal-Fahrten – im Fachjargon „Rundfahrgeschäfte“ genannt – begeistern nach wie vor und wurden den Zeiten angepasst. Andere Klassiker wie Kettenkarussells sind aufwendig zu betreiben und längst nicht mehr so angesagt wie früher, es gibt sie kaum noch. Das gilt auch für die Schaubuden, die aus heutiger Sicht undenkbar wären, bis in die 70er-Jahre jedoch völlig normal waren. „Die Dame ohne Unterleib kannte ich. Die hatte auch schon fünf Kinder“, lacht Ludolf Fock. Und wie viele andere Neumünsteraner erinnert er sich lebhaft an die Krokodilkämpfe: „Karl Schulz war damit auf Tournee. Er nannte sich Don Carello, und seine beiden Krokodile lebten extra in kaltem Wasser, damit sie sich langsamer bewegten. Der Höhepunkt war dann, wenn Don Carello es wagte, seinen Kopf in ein Krokodilmaul zu legen.

Das wurde dann höchstens noch getoppt von seiner schönen Partnerin Lydia Costa, die sich eine sieben Meter lange Anaconda um den Hals legte.“

Mehrfacher Gast auf dem Jugendspielplatz in Neumünster war Kasper Krause, für Generationen von Neumünsteranern der Prototyp des Kaspers schlechthin. Wenn der Wagen und das Zelt der Rudolstädter Holzoper am Wegrand zwischen dem heutigen Minigolf und dem Festplatz aufgebaut waren, gab es für viele Kinder kein Halten mehr. Fritz Krauß, der zwischen den ausverkauften Vorstellungen gern wie ein Künstler im Samtjacket und mit Wagnerhut umherlief und sich zu den Vorstellungen in einen gepunkteten Anzug kleidete, schmiss diese Attraktion im Ein-Mann-Betrieb.

„Seid ihr alle da?“ – „Jaaaaa!“ – „Noch einmal laut Hurra!“ – „Hurrraaaa!“ – Wenn alle Mädchen und Jungen innerhalb von Sekunden eingestimmt waren, verkündete Krauß in feierlichem Ton: „Kaper Krause beehrt sich darzubieten: Der Seeräuber-Goldschatz auf der Menschenfresser-Insel.“ Und es ging los! Fritz Krauß ließ den Kasper gemeinsam mit der Bubikopf-Mathilde das Programm tänzerisch mit einem „Walzer von Krauß“ und einer Samba beginnen. Und wenn dabei die Unterhose des Tänzers riss, johlten die Kinder. Heutigen pädagogischen Ansprüchen würden Titel wie der mit den Menschenfressern sicherlich nicht mehr standhalten, manche Handlungsstränge dürften Albträume nach sich gezogen haben, und die knarrige Stimme erinnert mehr an die Wochenschau als an ein Kindertheater – trotzdem sind der Kasper und seine Abenteuer legendär.

Fritz Krauß, der mit seiner Rudolstädter Holzoper bis kurz vor seinem Tod 1980 auf Reisen war, bot die ganze Fülle der Handpuppenkunst. Er ließ seine Figuren singen („Tritratrullala“), reimen („Deine Zeit ist abgelaufen.“ „Dann musst Du Dir ’ne neue

Auf dem Boden geblieben: Mit der „Raketenfahrt zum Mond“ ging die Schaustellerfamilie Fock in Schleswig-Holstein auf Reisen.

kaufen.“) oder kleine Kalauer erzählen („Ja, ich bin ein Sonntagskind. Meine Mutter hat nämlich in der Woche keine Zeit gehabt.“). Und zum Schluss prügelte Kasper auf alle Bösen fröhlich ein, auf den Teufel, den gefährlichen Räuber oder das großmäulige Krokodil. All das gefiel übrigens nicht nur den Kleinen. Nach den 3-Groschen-Aufführungen für Kinder gab es abends das Stück für Erwachsene: „Doktor Faust und die Höllenfahrt“.

Der Jahrmarkt war seit jeher ein Ort, an dem sich die Generationen treffen. Mancher Junge, der in den 60ern mit dem Kasper gefiebert und ihn lautstark rufend vor dem Krokodil gewarnt hat, versuchte in den 70ern, die Freundin mit seinen Fahrkünsten in den „Ramming Cars“ zu beeindrucken. Und heute geht er langsamen Schrittes mit seinen Enkelkindern durch die Gänge mit bunten Lichtern und Musik von allen Seiten.

Manchmal bleibt die Zeit stehen. Wenn etwa das Schild „Junger Mann zum Mitreisen gesucht“ zu sehen ist oder wenn ein sprachgewaltiger Mitarbeiter scheinbar ohne Luft zu holen „Ge-

Der „Polar Express“ – dieser Klassiker aus Neumünster (hier auf dem Jugendspielplatz) dreht sich heute in Kanada.

winneGewinneGewinneGewinne ...“ anpreist. Der Rekommandeur (abgeleitet vom französischen „recommander“ = empfehlen) ist einer der ältesten Berufe auf dem Volksfest und wird sicher nicht so schnell verstummen.

Selbstbewusst stellen sich die Schaustellerfamilien den aktuellen Herausforderungen unserer Zeit und bewahren die (Familien-)Tradition. Persönliche Erinnerungsstücke sind Ludolf Fock allerdings nur wenige geblieben. „Sehr viel wurde 1974 bei einem Feuer in unserer Lagerhalle in der Juliusstraße vernichtet oder hinterher geplündert“, bedauert er. „Die Rakete mit einer Holzfigur, die Frack und Zylinder trug, hab ich Jahre später sogar bei einem Antiquitätenhändler in Hamburg entdeckt, für 6000 DM. Aber ich konnte natürlich nicht beweisen, dass die mal uns gehört hat.“ Umso wertvoller ist für ihn der Orgelaufsatz vom „Kettenflieger“ der Großeltern oder ein alter Scheinwerfer von der „Raketenfahrt zum Mond“.

Andere Fahrgeschäfte wurden schlicht und einfach verkauft.

Und halten sogar Neumünsteraner Jahrmarktsgeschichte in einem anderen Teil der Welt lebendig: Der „Polar Express“ steht heute in Kanada. Und läuft und läuft und läuft. Von Berg zu Tal.

Rosalinde, die Moorleiche

Sie war die Traumfrau ganzer Schuljahrgänge. O. K., es war kein schöner Traum, denn Rosalinde war nicht mehr ganz taufrisch. Als gruselige Moorleiche beeindruckte sie Besucherinnen und Besucher des alten Textilmuseums nachhaltig – vor allem die jungen. „Von den Webstühlen selbst weiß ich kaum noch was, aber der Blick von Rosalinde ließ mich lange nicht los“, erzählt Stefan als gestandener Erwachsener. Jahrzehntelang war diese Moorleiche, die nur zufällig in Neumünster gelandet war, die schaurige Attraktion in der Parkstraße 17. Ein nicht ganz ernst gemeinter Geiselhandel sorgte schließlich dafür, dass sie in ihre Heimat zurückkehren konnte – ihre Ruhe findet sie allerdings bis heute nicht.

Aber was hatte Rosalinde überhaupt im ehemaligen Tuchhaus inmitten von alten Handwerksstücken, Geräten und Stoffen zu suchen? Wir haben zwar einige Moorlandschaften in unmittelbarer Nähe – allen voran das Dosenmoor – die Leiche aber stammte aus der oberbayerischen Gemeinde Peiting südwestlich von München. So lautete ihr offizieller Name denn auch „Die Frau von Peiting“.

Der 23. Juli 1957 ist ein kalter Sommertag mit Nieselregen, so hat es der Bayerische Rundfunk später rekonstruiert. Frühmorgens sind drei Arbeiter damit beschäftigt, Torf abzubauen. Einer von ihnen ist Jürgen Krätzig, gerade mal 17 Jahre alt; sein Vater ist der Betriebsleiter. In etwa einem Meter Tiefe stößt der Bagger plötzlich auf ein hölzernes Hindernis. „Um Gottes Willen, da liegt ja oana drin!“, ruft der Baggerführer aus. Die herbeigerufene Polizei erkennt schnell, dass es sich nicht um einen Todesfall aus jüngster Vergangenheit handelt: Statt der kriminalistischen Ermittler müssen Forscher ran. Doch die Regierung von Oberbayern weiß mit der verschrumpelten Gestalt im Holzsarg offenbar nichts anzufangen, erzählt Jürgen Krätzig als letzter Zeitzeuge. Der Gesprächspartner im Amt sagt, er könne da nicht helfen: „Hängen Sie sich das Ding doch ins Wohnzimmer.“ Zum Glück tat er das nicht. Stattdessen erinnert sich Jürgens Vater, der Betriebsleiter, an Dr. Karl Schlabow (1891–1984), den er unlängst kennengelernt hatte. Der Textilarchäologe hatte die Torfabbauer während eines deutschlandweiten Treffens aufgefordert: „Wenn Sie jemals in einem Ihrer Moore eine Leiche finden sollten, dann bitte sofort Kontakt mit mir aufnehmen, denn ich unternehme die weiteren notwendigen Maßnahmen.“ So geschah es, und die Moorleiche von Peiting wurde mit einem Speziallaster abgeholt. Ziel der Reise: Neumünster. Im Textilmuseum, das Karl Schlabow leitete, ist Platz für sie – wenn Bayern sie nicht haben will, wird sie eben zur ältesten Neu–Neumünsteranerin.

Besonders gastfreundlich ist man in ihrer neuen Heimat allerdings zunächst nicht, muss sie doch im Dienste der Wissenschaft einiges über sich ergehen lassen. Ihr Inneres wird nach außen gekehrt und an verschiedene Forschungsstellen verschickt – wissenschaftliche Neugier kennt halt keine Intimsphäre. Besonders tragisch ist, dass die Organe der Moorleiche verschwunden sind und heute niemand mehr weiß, wo sie schlussendlich gelandet sind. Einige fehlende Körperteile wurden restauriert und Rosalinde herausgeputzt. Wirklich attraktiv wurde sie trotz aller Bemühungen nicht. Sie ist halt eine in die

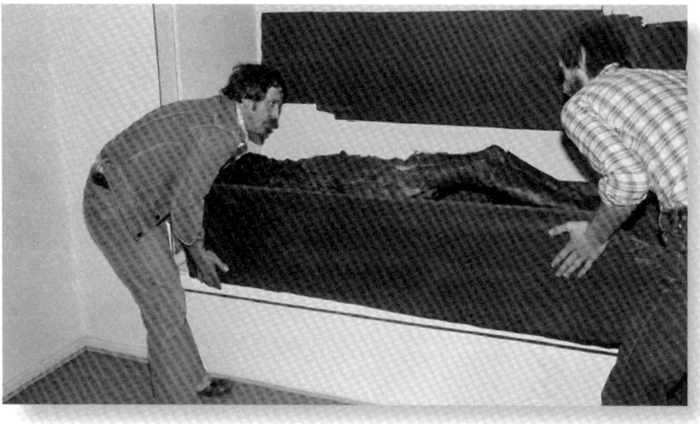

Nach Abschluss aller textilwissenschaftlichen, anatomischen und röntgenologischen Untersuchungen erhielt Rosalinde ihren Ausstellungsplatz im Textilmuseum, damals in der Parkstraße.

Jahre gekommene Moorleiche mit deutlich sichtbarem Überbiss und aufgequollenem Bauch. Die Haut dunkelbraun verfärbt, das Gesicht und die Oberarme skelettiert.

1987, zum 550. Geburtstag des Marktes Peiting, erinnerte man sich an die Tochter im hohen Norden. Zu gern wollten die Stadtväter Rosalinde leihweise zurückholen, eine Vorstellung, die den Stadtoberen in Neumünster gar nicht gefiel: Ihre Exotin als Gast auf einer bayerischen Kirmes? Nix da. „Die Kulturreferentin warnte sogar: Wenn Rosalinde erst mal über die bayerische Grenze ist, würde sie wohlmöglich nicht mehr zurückgegeben“, erinnert sich der damalige Peitinger Bürgermeister Klement Sesar. Den Handel mit Neumünster bezeichnete er später in einem Interview mit dem Münchener Merkur (25.6.2004) als das lustigste Erlebnis seiner Amtszeit: „Da habe ich vorgeschlagen, dass ich meine Frau als Geisel nach Neumünster gebe und Rosalinde dafür in Peiting freie Kost und Logis hat – wenn das meine Frau in Neumünster auch bekommt. Da war das Eis gebrochen, der Stadtrat Neumünster hat zugestimmt, dass wir Rosalinde ausleihen dürfen. Am Tag nach den Verhandlungen titelte eine Zeitung in Neumünster ganz groß: ‚Bürgermeister bietet Ehefrau als Geisel an.'" Diesen Handel brauchte es schließlich nicht. Rosalinde wurde entgegen allen Befürchtungen nicht etwa auf einem Rummel präsentiert, sondern war eine Woche lang in der Krypta der Pfarrkirche zu bestaunen. Ein würdiger Platz für eine Leiche. Und es hat sich gelohnt: 24 000 lebende Menschen wurden in dieser kurzen Zeit als Besucher gezählt.

Rosalinde blieb schließlich im Süden. 2007 wurde sie offiziell an den Freistaat Bayern übergeben; nach einer Zwischenstation im Westfälischen Museum für Archäologie in Herne ist sie mittlerweile in München zu Hause. Ruhiger ist es um sie derweil nicht geworden, lebt Wissenschaft doch davon, ihre Einsichten stetig durch neue Erkenntnisse zu erweitern oder zu ersetzen.

Dr. Karl Schlabow ging unter anderem davon aus, dass die Frau aus dem 8. bis 10. Jahrhundert stammte und schwanger war, als sie starb. Neuere Untersuchungen meinen, Rosalindes Bauch könnte durch Verwesungsprozesse nach dem Tod entstanden sein oder auch – ganz profan – weil Rosalinde einfach gut und viel gegessen hat. Außerdem ist sie jünger als gedacht. Vermutlich wurde sie im 14. oder 15. Jahrhundert bestattet und sie ist die einzige europäische Moorleiche, die in einem Sarg gefunden wurde. Das wiederum zieht weitere Fragen und Spekulationen nach sich: Galt sie als Hexe? Hat sie Selbstmord begangen? Fürchteten die Menschen ihre Wiederkehr? Bei alledem sind das Auffallendste an Rosalinde ihre ungewöhnlichen hohen roten Lederstiefel, die man bei einer Frau aus dieser Epoche nicht vermuten würde.

Das Textilmuseum und das ehemalige Tuchhaus in der Parkstraße gibt es nicht mehr, und das neu konzipierte Museum

Tuch und Technik am Kleinflecken ist auch ohne Gruselfaktor attraktiv. Das Beste ist, dass Stefan und alle, die ihm als Schülerinnen und Schüler gefolgt sind, das Museum besuchen können, ohne danach Alpträume zu haben.

Wieso hieß die Frau von Peiten „Rosalinde"?

Die Frau des Betriebsleiters, der für den Torfabbau in Peiten zuständig war, hatte die Angewohnheit, jedem Gegenstand im Haus einen Namen zu geben. „Die Gefriertruhe hieß Friedrich oder ein großer Granitstein, den mein Vater im Garten angebracht hatte, der war Sokrates", erzählte ihr Sohn später dem Bayerischen Rundfunk. Die Moorleiche habe deshalb zunächst Bobby geheißen. Monate später stellte sich jedoch heraus, dass es sich um eine Frau handelte: „Und dann sagte meine Mutter ganz spontan – ich weiß das noch, das war beim Mittagessen und meine Brüder waren auch da: ‚Ja, das ist ja toll, Rosalinde!'"

Von Hufnägeln und Brezelfenstern

Das größte Verkehrshindernis war 1948 gerade mal etwa 8 Zentimeter groß. Auf den Straßen Neumünsters waren zu dieser Zeit mehr Pferdefuhrwerke als Autos unterwegs und genau das bremste den motorisierten Fortschritt aus. Nicht selten verloren die Pferde nämlich ihre Hufeisen und die herumliegenden Hufnägel bohrten sich mit Vorliebe in die Luftreifen der Autos.

Carl Dreher war Kummer gewöhnt. Sein Auto der Marke Wanderer war zum Glück so groß, dass er genug Platz für ein paar Ersatzreifen hatte. Der Reifen war rasch gewechselt und er ließ ihn anschließend flicken. Das war auch nötig, denn als einer der ersten Fahrlehrer war zu dieser Zeit wohl kaum jemand so viel auf den Straßen Neumünsters unterwegs wie er. Immerhin bis 1993 war seine Fahrschule in Familienbesitz und hat in dieser Zeit unzählige Menschen aus Stadt und Umland mobil gemacht. Am Schluss etwa 200 Fahrschüler pro Jahr.

Dass die Fahrschule Dreher (später Fahrschule Koch) in einer Zeit Fuß fassen konnte, in der es erst wenige Autos gab, ist einem pfiffigen Werbetrick zu verdanken. Junge Männer saßen damals – kurz nach dem Zweiten Weltkrieg – eher auf dem Bock eines Treckers. Auf Wiesen und Feldern unproblematisch. Um mit dem Traktor – womöglich mit einem Anhänger – auf der

Die Zahl der Autos nahm mit dem Wohlstand zu: Als 1956 (aus diesem Jahr stammt diese Aufnahme) das NMS-Kennzeichen eingeführt wurde, waren gerade mal 1773 Pkw registriert. Hinzu kamen 829 Lkw, 489 Krafträder, 25 Omnibusse und 61 Zugmaschinen.

Straße fahren zu dürfen, brauchten sie allerdings einen Führerschein der Klasse 4. Das war Carl Drehers Chance! Bei seinen Besuchen in Krogaspe, Ehndorf und anderen Dörfern erzählte er den jungen Leuten gern, was sie für den Führerschein Klasse 4 alles wissen mussten. Viele nutzten diese Möglichkeit, ließen sich kurz darauf bei der örtlichen Polizei prüfen und erhielten ihre erste Fahrerlaubnis. Der Fahrlehrer verdiente daran zunächst nichts, höchstens Sympathien. Aber das zahlte sich aus, die Zeit und der wachsende Wohlstand waren auf seiner Seite. Wenn die Treckerfahrer erst mal PS gefühlt und Diesel geschnuppert hatten, interessierten sie sich mehr und mehr für ein Auto. Und den Kontakt zu einem netten Fahrlehrer hatten sie ja schon.

40 DM Grundgebühr und sechs DM pro Übungsfahrt kostete das damals. Und da die meisten Schüler auf verlassenen Wegen genügend Gelegenheiten zum Üben ohne Lehrer hatten, kamen sie mit vergleichsweise wenigen Fahrstunden zum Erfolg. Carl Dreher baute sein Erfolgsrezept derweil aus, gab richtigen Unterricht in anderen umliegenden Dörfern, fuhr bis nach Timmaspe und Nortorf. Und für die Praxisstunden chauffierte er seine Schüler in einem gemieteten Mercedes-Bus (der kleiner war als die Stadtbusse und deshalb gemeinhin „Pony-Bus" genannt wurde) nach Neumünster. „Die Nachfrage wurde immer größer. Viele, die eine Arbeit gefunden hatten, sparten ihr erstes Geld für ein eigenes Auto", erinnert sich Rolf Koch: „Einen weiteren Schub gab es dann, als Frauen nicht mehr länger die schriftliche Erlaubnis ihres Mannes vorlegen mussten, wenn sie den Führerschein machen wollten."

Der Sohn von Carl Dreher arbeitete zunächst als Kaufmann bei Karstadt und in der Textilfabrik Bartram, sattelte aber 1964 zum Fahrlehrer um. Rolf Kochs Arbeitsplatz in den 60ern waren ein Mercedes und ein VW-Käfer (inklusive typischem Brezelfenster hinten). Mit seinen Schülern erfuhr er ein Neumünster, für das wir heute unsere Fantasie arg bemühen müssen: „Es gab am Anfang noch gar keine Ampeln. Wenn an der Kreuzung Kuhberg/Gänsemarkt zu viel los war, kam ein Polizist zum Einsatz." Der Lehrsatz für die Fahrschüler gilt bis heute: „Siehst du vom Schutzmann Brust oder Rücken, musst du auf die Bremse drücken." A propos Bremse: Das einzige Mittel, um bei Fahrfehlern des Nachwuchses einzugreifen, war zunächst die Handbremse. Eigene Pedale für den Fahrlehrer kamen erst im Laufe der Zeit, so wie sich die Herausforderungen im Verkehr langsam, aber stetig wandelten.

Der erste Grundsatz „Motorkraft vor Muskelkraft" wurde durch mehr und mehr Regeln ersetzt und die Zahl der Verkehrsschilder nahm beständig zu. Ebenso stiegen die Anforderungen an die Prüflinge. „Die Theorie wurde bis Mitte der 60er-Jahre noch mündlich abgefragt. Da wurden dann Bilder vorgelegt oder mit Wandtafeln gearbeitet. Und es gab viele technische Fragen – wie man den Wagen wieder flott kriegt zum Beispiel oder was eine Auflaufbremse ist", erinnert sich Koch.

Was eine Auflaufbremse ist? „Wenn man einen Anhänger zieht und bremsen muss, verhindert die, dass der Anhänger von hinten gegen das Auto drückt", erläutert Rolf Koch. Und wie man den Wagen wieder flott kriegt, ist heute noch schneller gesagt: einfach den Pannendienst rufen.

Wer es gleich am selben Tag zur anschließenden praktischen Prüfung geschafft hat, bekam es mit Verkehrstücken zu tun, die uns vertraut sind. Ein Muss in den meisten Prüftouren war das Stoppschild in der Johannisstraße zum Kuhberg: „Hier musste man natürlich erst mal an der Haltelinie stoppen – und das,

Ein Parkplatz vor dem Haus? Damals kein Problem: die Fahrschule Dreher-Koch mit ihrem großen Unterrichtsraum.

obwohl man von dort aus gar nichts weiter gesehen hat. Dann musste man sich weiter vortasten." Eine weitere beliebte Falle, die sich bis heute in Fahrprüfungen gehalten hat: Der Prüfer verlangt stetig geradeaus weiterzufahren, bis er etwas anderes sagt. Die Tour führte vom Hansaring in die Gartenstraße, vorbei an der Kösterschen Tuchfabrik. Wer allerdings an der Schule den Weg geradeaus fortsetzte, war durchgefallen – hier war nur für Anliegerverkehr frei.

Zum Glück für den fahrenden Nachwuchs waren die von auswärts angereisten Prüfer im Laufe der Jahre bekannt, ebenso wie ihre bevorzugten Touren. Viele Menschen in Neumünster werden sich an die Strecken erinnern, die häufig für die Fahrprüfung genommen wurden. Nach dem Start an der Fahrschule in der Gasstraße ging es am Gashof vorbei auf die Kieler Straße, einmal zum Kuhberg, unter dem Eisenbahntunnel hindurch auf die Rendsburger Straße und dann links in die Sedanstraße. Hier musste der erste Prüfling rückwärts auf ein Grundstück fahren oder neben einem Fahrzeug rückwärts einparken. Anschließend durfte er auf den Rücksitz und der zweite Anwärter war an der Reihe. Der fuhr via Carlstraße über den Kuhberg zum Großflecken. Bis zum Bau der A 7 war der vierspurig, weil der gesamte Nord-Süd-Verkehr hier längs führte. An der großen Uhr auf der Verkehrsinsel vor dem Rathaus – im Volksmund seinerzeit „Normaluhr" genannt – wurde links abgebogen, zurück über den Großflecken, nach rechts in die Christianstraße und über die Anscharstraße wieder in die Gasstraße.
Wenn Rolf Koch als Fahrlehrer im Ruhestand heute durch Neumünster fährt, kennt er zwar alle Ecken und Wege, aber so manche Verkehrsführung hat sich geändert. Ganz abgesehen davon, dass die Autos zu bestimmten Zeiten mehr stehen als fahren. Trotzdem genießt er es, gerade weil seine Frau Karin meist am Lenkrad sitzt. Die hat ihn in seinem Berufsleben treu begleitet, führte die Bücher der Fahrschule und hatte für den Fahrnachwuchs stets ein aufmunterndes Wort.
Im Auto ist es manchmal wie früher, verrät Karin Koch fröhlich lachend: „Er kann dann nicht anders und sagt Sätze wie: ‚Bei nächster Gelegenheit bitte rechts' und so ..."

Ein Original – die Gastwirtin Toni Lindstedt

Es ist später Vormittag, kurz nach halb elf. Der junge Mann betritt den Gastraum, orientiert sich kurz und steuert auf den eichenen Tresen zu. Das Hemd hängt teilweise aus der Hose, die Haare stehen in alle Richtungen zerstrubbelt ab. Er bestellt sich ein Bier, die Wirtin zapft und fragt lapidar: „Was ist es denn geworden?“

Für Toni Lindstedt eine typische Situation. Die Frauenklinik im Meßtorffweg – dort, wo sich heute das Gesundheitsamt befindet – ist um die Ecke. Während es inzwischen zum guten Ton gehört, als Vater bei der Geburt des Nachwuchses dabei zu sein, musste er früher draußen bleiben. Und damit seine eigene Strategie finden, mit der Stresssituation umzugehen. So verschlug es den ein oder anderen werdenden Vater bereits am Vormittag direkt an den Tresen der „Klostermühle“. In der Gastronomie-

So sah das Lokal „Zur Klostermühle“ aus, als es noch Tonis Vater Peter Mommens führte. Der gemütliche Charme blieb auch bei Toni erhalten.

szene Neumünsters ist das Lokal zweifellos das, was man gemeinhin als Kultkneipe bezeichnet. Im Gastraum scheint die Zeit stehen geblieben zu sein. Kein Wunder. Hier sieht es im Großen und Ganzen aus wie zu Zeiten der beliebten Wirtin, die den Betrieb fast 50 Jahre lang geführt hat. „Natürlich knarren die Stühle ein bisschen, aber wir knarren doch auch, wenn wir älter werden“, stellte Toni Lindstedt trocken fest.

Knorrig? Das war die beliebte Wirtin vielleicht auch manchmal, aber zweifellos auf eine liebenswerte Art. Die Klostermühle war bereits ein Gasthaus mit Geschichte, als Toni sie mit ihrem Mann 1949 übernahm. Ihr Vater Peter Mommens hatte das Eckhaus an der Klosterstraße/Christianstraße 1911 gekauft und eine Schank- und Speisewirtschaft eingerichtet. Was heute als moderne Drive-in-Erfindung aus Amerika anmutet, gab es damals schon: Das Bier wurde am Fenster verkauft. Abgefüllt in große Fünf-Liter-Bierkrüge, die sich die Kunden selbst mitbrachten. Bier war wie ein Grundnahrungsmittel, mitunter reiner als Wasser. Selbst in Kriegszeiten blieb das Gasthaus weitgehend geöffnet. Und obwohl die Nachbarschaft in den 40er-Jahren bei Bombenangriffen schwer beschädigt wurde, überstand das Gasthaus diese Zeit relativ gut.

Toni Lindstedts Zeit als Kult-Wirtin begann, nachdem ihr Mann 1969 gestorben war und sie selbstbewusst ihr künftiges Lebensmotto ausgab: „Jetzt bestimme nur noch ich über mich selbst.“ Zwar mussten alle Familienmitglieder mit anpacken, die Regie führte aber stets Toni. „Für uns als Kinder war es erst immer etwas komisch, wenn alle Gäste sie beim Vornamen ansprachen“, erinnert sich die Tochter Dörte Schweckendiek: „Aber sie konnte eben mit Jung und Alt, und es war legendär, dass sie manche nur mit ‚mien Schieter‘ ansprach. Ob Professor oder Verbandsdirektor – für Mutti waren sie alle nur Menschen. Und wenn sie

Geschichten erzählt hat, haben wir Tränen gelacht. Das war echter Mutterwitz."

Ihr Optimismus war ansteckend: „Toni sah immer die Sonne, nicht die Wolken", erzählen ehemalige Stammgäste: „Sie hat Mut gemacht, wenn jemand zum Beispiel überlegt hat, eine größere Anschaffung zu riskieren oder ein Haus zu bauen." Und nicht nur das: „Sie konnte überall mitreden." Kein Wunder, denn Toni las jeden Tag das Hamburger Abendblatt und den Holsteinischen Courier. Und wenn VW etwa einen neuen Verbrennungsmotor auf den Markt gebracht hat, wurde am Abend mit technikversierten Männern darüber gefachsimpelt.

Die waren aber nicht die einzigen, die sich in der Klostermühle wohlfühlten. So gab es Live-Jazz, Skatrunden, ein Bandonion-Orchester probte einmal in der Woche. Banker, Angestellte und Lehrer kamen zum Mittagstisch, Stammtische trafen sich, von Sportlern bis zu den Parteien, Sozialdemokraten genauso wie CDU-Mitglieder. Und wer einmal kam, kam immer wieder. „Wir waren mit unserer Clique einmal nur zufällig in der Vorweihnachtszeit da gelandet. Das haben wir dann Jahre wiederholt, im Reservierungsbuch hieß das dann immer Weihnachtseinläuten", erzählt eine ehemalige Besucherin. Und dabei blieb es nicht: „Alle von uns haben ihre runden Geburtstage dort gefeiert, einfach weil es so gemütlich und familiär war." Da wundert es nicht, dass die Wirtin selbst gefeiert wurde. So spielte der Mädchenmusikzug zu ihrem runden Geburtstag, die Holstenbrauerei lieferte mit dem Zweispänner ein Fass Freibier und die Lokalzeitung porträtierte sie mehrfach.

Wie herzlich und vertrauensvoll die Atmosphäre in der Eckkneipe war, zeigte sich vor allem in den letzten Arbeitsjahren: „So, bedient euch weiter und legt dann das Geld da hin", sagte Toni, wenn sie müde war und sich ausruhen musste. Also zapften die

Zu ihrem runden Geburtstag spielte der Mädchen-Musikzug Neumünster, und Toni durfte auch musikalisch den Ton angeben.

Stammgäste ihr Bier eigenhändig, räumten artig die Tische und rechneten selbstständig ab. Toni selbst machte sich übrigens gar nichts aus Bier. Aber wenn die Gäste weg, das Parkett mit Spänen gereinigt, die Gläser poliert und die Theke gewienert waren, hat sie gern einfach mal etwas Geld in ihre Daddelautomaten gesteckt.
Diese kleinen Ablenkung reichte als Energieschub, auch für die damals weithin bekannten kulinarischen Traditionen der Klostermühle. So gab es jährlich, wenn im Mai und im Oktober der Jahrmarkt in der Stadt war, Krebssuppe nach einem Geheimrezept, zubereitet im riesigen Topf, serviert in extratiefen Suppentellern mit Goldrand. Und zur Erntezeit kam Grünkohl auf den Tisch, sechsmal in der Woche, in Tonis letztem aktiven Vierteljahr 1300-mal. Die Tochter gesteht: „Ich hab danach jahrelang keinen Grünkohl mehr gegessen."
1996 war das, als die Gastwirtin endgültig die Hände von den großen Töpfen und den Zapfhähnen ließ. Ruhestand mit erfüllten 87 Jahren und der änderte für Toni einiges. Den Gastraum

hat sie nie wieder betreten, um die Erinnerung nicht zu zerstören. Dafür hatte sie endlich Zeit für ausführliche Spaziergänge, bekam im ersten Winter als Rentnerin sogar die ersten festen Stiefel ihres Lebens. In der Klostermühle wären die fehl am Platz gewesen – genauso wie die Handtasche, die sie fortan als schickes Accessoire begleitete.
Nur gut zwei Jahre sind ihr für dieses ungewohnte Leben geblieben, dann musste sich Neumünster von seiner Toni verabschieden. Die Heimatzeitung würdigte sie zum Abschied: „De Krögersch mit Hart hett för ümmer de Ogen tomakt. Toni weer keen Krögersch, de mit een Hand an' Beerhahn stünn un de anner Hand in'ne Kaß harr." Viele Gäste bestätigen, sie war mit Leib und Seele Gastwirtin, Zuhörerin und vor allem Mensch. Die Gaststube mit dem weitgehend unveränderten Charme früherer Jahrzehnte ist wie ein gemütliches Toni-Museum. Im plattdeutschen Nachruf hieß es sehr treffend: „Toni warrd in de Harten vun veele Niemünsteraner eern Platz behooln – Toni Lindstedt un de Krewssupp, de keenr so good koken kunn as se."

Die Sternwarte und ihre Klebeband-Astronomen

Das Jahr 1969 ist eines, an das sich viele Menschen genau erinnern – zumindest an das Datum, an dem erstmals ein Mensch den Mond betreten hat. Der kleine Schritt für einen Menschen, der einen großen für die Menschheit bedeutet hat – er gab auch Neumünster einen wichtigen Impuls. Er war der Urknall zu einer Sternwarte, die unsere Stadt mittlerweile sogar im Weltall verewigt hat.

Ein gewisses Interesse an dem, was sich in den unendlichen Weiten abspielen mag, gab es in Neumünster schon länger. „Praktische Astronomie“ hieß der Volkshochschulkurs, in dem in den 60er-Jahren Studiendirektor Dieter Golombek und Diplomingenieur Horst Bender ihr Wissen über die Sternenwelt weitergaben. Galaxien, ferne Sonnen und unsere Nachbarplaneten faszinierten die Kursteilnehmer. Eigene Geräte, um die Himmelskörper zu beobachten, hatten sie allerdings nicht. Teleskope für jedermann gab es nicht, die verfügbaren Fernrohre waren gut und sehr teuer. Da passte es, dass der Wettlauf im All zwischen den Supermächten USA und UdSSR viele Menschen beschäftigte. Das Apollo-Programm der Amerikaner war allgegenwärtig. Und auch wenn sich der Medienhype überwiegend auf Radio und Schwarz-Weiß-Fernseher beschränkte, reichte es zu einer großen Weltraum-Euphorie. Das Thema war en vogue, so auch bei Karstadt. Das beliebte Kaufhaus spendierte den Hobby-Astronomen ein Teleskop, das für die Volkshochschule unerschwinglich war. Ein solches Präzisionsinstrument

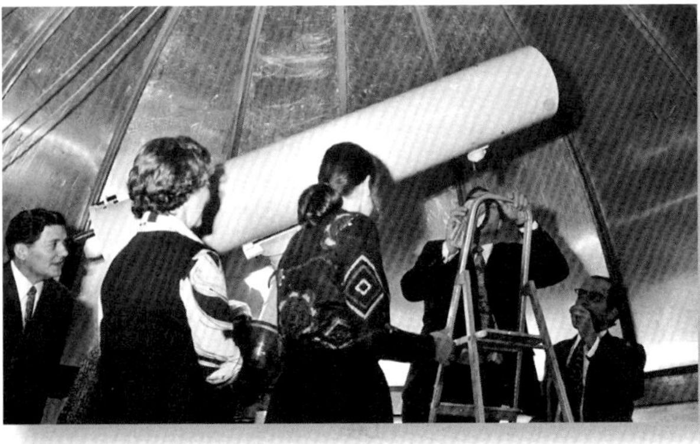

Begeisterter Blick in weite Fernen: Das 10-Zoll-Spiegelteleskop begeisterte die Besucher unter der Kuppel der Sternwarte.

Am Boden wurden die Kuppelteile für die Sternwarte vormontiert und mit dem Kran anschließend auf den früheren Flakturm transportiert.

braucht einen festen Standort und den hatte Horst Bender im Blick: die frühere Marinefunkstation Hahnknüll, die mittlerweile als städtisches Seniorenheim genutzt wurde. Hier gab es ideale Bedingungen. Etwas abgelegen vom Licht der Stadt zierte ein ehemaliger Flakturm das Hauptgebäude.

Neben Karstadt waren schnell weitere Menschen und Firmen gefunden, die Neumünster die bis heute größte Sternwarte Schleswig-Holsteins bescherten. Mit einem Kran wurden die vormontierten Kuppelteile auf den Turm gehoben, er war fortan von Weitem als Beobachtungsposten sichtbar. 1971 wurde die Sternwarte feierlich eingeweiht und viele Gruppen innerhalb und außerhalb Neumünsters nutzten begeistert das Angebot.

In den mehr als fünf Jahrzehnten, die seitdem vergangen sind, haben die Hobby-Astronomen dafür gesorgt, dass die technische Ausstattung und zum Glück sogar der Komfort für die Gäste stetig verbessert wurden. Um Luxus ging es den vielen eifrigen Ehrenamtlern jedoch nie. Sie haben es stets verstanden, aus dem bestehenden Equipment das Bestmögliche herauszuholen. So berichtet der heutige Sternwarten-Leiter Marco Ludwig von den engagierten Hobby-Fotografen Franz Haar und Bernd Schatzmann, die sich ganze Nächte um die Ohren schlugen: „Als 1976 völlig überraschend der helle Komet West am Morgenhimmel auftauchte, befestigten sie mithilfe von Klebeband eine Dachlatte an dem großen Fernrohr, um am Ende der Dachlatte eine Kamera mit Weitwinkelobjektiv zu befestigen. So konnten sie Aufnahmen mit mehreren Minuten Belichtungszeit machen."

Die sind so gut geworden, dass sie sogar in einer Fachzeitschrift veröffentlicht wurden. Eines davon gehört bis heute zu den weltweit besten Bildern von diesem Kometen. Beim damaligen Sternwarten-Leiter Horst Bender hatten die beiden mit dieser abenteuerlichen Improvisation allerdings ihren Spitznamen weg: Die Klebeband-Astronomen nannte er sie fortan. Der überzeugte Ingenieur tat sich zweifellos etwas schwer mit dieser Do-it-yourself-Technik – trotz der gemeinsamen Leidenschaft können Astronomiefreunde sehr unterschiedlich sein.

Die Kometen-Aufnahmen sind seitdem nicht die einzigen, die es von Neumünster aus in die ganze (Fach-)Welt geschafft haben.

Dieses Foto aus dem Jahr 1976 – aufgenommen von den „Klebeband-Astronomen" – gehört noch immer zu den besten Aufnahmen des Kometen West.

In seinem Buch zum 50-jährigen Jubiläum der Sternwarte hat Marco Ludwig jede Menge Fotos zusammengestellt, von Kugelsternhaufen genauso wie von Kometen, Meteoren, galaktischen Nebeln oder Satelliten. Von Halo-Effekten, Regenbögen oder seltenen Polarlichtern – und natürlich vom Mond. Der schaut häufig still zu, wenn die Astro-Aktiven ferne Welten erkunden. Bei klarem Himmel und passenden Konstellationen scheuen sie weder Aufwand noch Nässe oder niedrige Temperaturen; und das nicht nur am Hahnknüll, sondern auch am Einfelder See, auf dem Turm der Vicelinkirche oder an dunklen Plätzen in der Umgebung der Stadt. Stundenlang können sie ausharren und die Zeit vergessen, wenn sie ergriffen und fasziniert Lichter entdecken, die zum Teil Millionen Jahre alt sind – und sich über gelungene Fotografien freuen.

In der Sammlung der Sternwarte befindet sich sogar ein Autogramm von Neil Armstrong, dem ersten Mond-Mann. Übertroffen wird das nur von zwei Himmelskörpern, die Neumünster mit der Unendlichkeit verbinden. Da ist zum einen der Kleinplanet Marcoludwig, benannt nach dem Leiter der Sternwarte, der im vorigen Jahr damit überrascht und für seinen Einsatz ausgezeichnet wurde. Zum anderen ist da ein Kleinplanet, der bis 2019 die Bezeichnung 2008 RV 26 trug. Der etwa 1000 Meter große Brocken, gut 205 Millionen Kilometer entfernt, wurde von der Internationalen astronomischen Union (IAU) in Paris offiziell auf den Namen „Neumunster" getauft.

Für unsere Stadt wie für unsere rührigen Hobby-Astronomen eine große Ehre, wenn auch eine unerreichbare: Schon das Licht, das wir selbst mit Teleskop nur äußerst schwer sehen können, braucht etwas mehr als 11 Minuten zu uns. Zum Mond ist es fast ein Katzensprung mit gerade mal 1,3 Sekunden. Und trotzdem: für Neumünster ein großer Schritt.

Mister McDonald's

Einmal in der Woche ist Burger-Tag, da kommen ein Big Mac, ein Cheeseburger und ein Big Tasty auf den Teller. Für einen 80-Jährigen eine ungewöhnliche Mahlzeit – nicht so für Horst Schrinner. Er war jahrzehntelang Mister McDonald's in Neumünster und damit ein Pionier für das Essen ohne Messer und Gabel.

Das Mittagsritual ist nicht das Einzige, was ihm von 34 Berufsjahren im Dienste der Fast-Food-Kette geblieben ist: Das Autokennzeichen beginnt mit einem „NMS-MC", an vielen Stellen im Haus ist auf Trophäen, Urkunden, Plakaten und Bildern das typische gelb-goldene M zu finden, und auf einer Tür steht groß: „Neumünster – ich liebe es." Ein Satz, der mehr ist als ein abgewandelter Slogan: „Mit Neumünster fühle ich mich fest verbunden, es war eine meiner besten Entscheidungen, hierhergezogen zu sein", meint Schrinner. Das war 1981, als es längst nicht an jeder Ecke etwas zum Essen zwischendurch, geschweige denn McDonald's gab. Als niemand das Wort Fast Food, wohl aber hier und da eine Currywurst in den Mund nahm. Als Kinder im Restaurant stillzusitzen hatten. „Wir sind jetzt Pioniere in einem neuen Markt und müssen uns der Tatsache bewusst sein, dass ... die gesamte deutsche Gastronomie unseren ... Versuch, außerhalb des Münchener Marktes Fuß zu fassen, mit Interesse beobachtet", hatte ihm der damalige MC-Geschäftsführer vier Jahre zuvor mit auf den Weg gegeben, als Horst Schrinner zum ersten Mal Restaurantleiter geworden war. Das war in Köln, von wo aus sich der gebürtige Krefelder schnell hochgearbeitet hat. Erst zum Bezirksleiter, der auf McDonaldisch Supervisor heißt, dann zum Operation Manager (Marktdirektor) für Norddeutschland. Eine in dunklem Holz gerahmte Urkunde an Horst Schrinners Flurwand zeugt von dieser lehrreichen Zeit, denn hierfür

Ein Berufsleben im Zeichen des gelb-goldenen M: Horst Schrinner hat Neumünster den Burger schmackhaft gemacht.

wurde er an einer Uni in der Nähe von Chicago ausgebildet. Ja, eine solche Burger-Bildungsanstalt gibt es wirklich: die „McDonald's Hamburger University“, die Schrinner mit dem Bildungsgrad des „Bachelor of Hamburgerology“ erfolgreich absolviert hat.

Mit einem solchen Titel im Rücken – und als Urkunde an der Wand – fasste Horst Schrinner schnell Fuß in seiner neuen Heimat Neumünster. „Wir nannten uns damals ‚Das etwas andere Restaurant‘, und für manche Familie war es ein Highlight, wenn es beim Stadtbesuch zu uns ging“, erinnert er sich. „Und dass man ganze Kindergeburtstage im Restaurant feiern konnte, war auch neu.“

Diese Geburtstage lassen viele Erinnerungen tanzen. „Das Geburtstagskind bekam immer eine Krone aus Pappe, die man zusammenbasteln musste. Auf alle Fälle weiß ich noch, dass alle Kinder es immer ganz toll fanden, dort ein bis zwei Stunden zu verbringen und zu feiern“, erzählt Roswitha Radigk. „Und man musste vorbuchen, dann war das Karussell für die Kinder reserviert.“

Ein Karussell mitten im Geschäft – das schmeckte den jüngsten Gästen, wie Kay genau weiß: „Das war schon ein Highlight als Kind. Da schmeckten die Cheeseburger gleich noch besser.“ Etwas, das Chris nur bestätigen kann: „Das war als Kinder der Knaller, die Juniortüte dazu – perfekt!“ Es gab vieles, an das sich die Gäste gewöhnen mussten, vor allem die älteren, weiß Sönke Bumann: „Meine Eltern suchten erst mal das Besteck und konnten gar nicht verstehen, dass sie hier mit den Händen essen mussten.“ Trotzdem entwickelte sich ein Besuch bei McDonald’s für viele Eltern schnell zum Erziehungs- und Belohnungsmittel, etwa nach der Visite beim Kinderarzt oder bei guten Noten.

Für Heranwachsende wurde das Restaurant zu einer Selbstverständlichkeit. Sich an einer Cola festhalten und aus dem Fenster gucken, andere Leute beobachten oder überlange Trinkhalme zusammenstecken – das wurde zwar nicht gern gesehen, war aber möglich. McDonald’s war schwer angesagt, erinnert sich Steffi Voß: „Wenn wir auf den Bus warten mussten, sind wir da gerne noch mal eingekehrt. Und wenn wir knapp bei Kasse waren (und das waren wir meistens), haben wir uns eine Tüte Remoulade geholt und ausgelutscht. Aber wir fanden uns cool, weil wir was bei McDonald’s gekauft haben.“ Das Restaurant als In-Treff und fester Treffpunkt – auch für Anja-Carina Wulf: „Ich war damals immer mittwochs nach dem Sport mit meiner Freundin dort – erst abrackern und dann Cheeseburger mit Pommes und Erdbeermilchshake.“

Die Mitarbeitenden indes mussten strenge Vorgaben erfüllen, handelte es sich doch ausdrücklich um ein „Schnellrestaurant". Jeder Gast sollte nach 60 Sekunden zufriedengestellt sein, so die Ansage. Gleichzeitig durfte ein Burger nicht länger als zehn Minuten im Warmhaltekasten liegen, danach musste er vernichtet werden. Was dem Team anfangs gut schmeckte, musste schnell optimiert werden. Kein leichtes Unterfangen bei 2500 Kunden am Tag. Horst Schrinner hat selbst in seinen Restaurants einige Kilometer per pedes abgerissen. Den Kontakt zu den Menschen genießen und bei der Arbeit Gleicher unter Gleichen zu sein, das bezeichnet er als selbstverständlich. „Man darf sich nicht zu schade sein, selbst mit anzupacken, wenn es nötig ist. Ganz gleich, bei welcher Aufgabe", weshalb der Bachelor of Hamburgerology mit an der Kasse steht oder Burger brät: „Das ist für mich Ehrensache."

Es lief so gut, dass sich neben dem Restaurant am Großflecken bald weitere Standorte in der Altonaer Straße und an der Brückenstraße etablieren konnten. Beide Filialen gibt es nach wie vor, während sich in den Restauranträumen am Großflecken inzwischen eine Bank befindet. Eine typische Entwicklung: Fast Food mit dem Fast Car, der Kunde heute will vorfahren und kommt selten zu Fuß.

Horst Schrinner hat in Neumünster das kulinarische Angebot erweitert und es gab – wie es damals hieß – „als weltweit einzigartigen Service" für die Gäste hochwertige Schuhputzmaschinen. Als erster Gastronom in Neumünster nahm er sämtliche Aschenbecher von den Tischen. Eine Imagekampagne, klar, aber eine erfolgreiche. „Geschadet hat es uns jedenfalls nicht", beteuert er. Vor 15 Jahren war das Rauchverbot in Gaststätten ein heiß umkämpftes Thema; heute fast nicht mehr zu glauben. Berichte über Meilensteine wie diese hat

Horst Schrinner in zwei dicken Büchern gesammelt. Zwei Bände eines erfolgreichen und auch abwechslungsreichen Arbeitslebens, aus dem er heute gern erzählt. Neben Anekdoten aus seiner Zeit als Bergmann in 500 Metern Tiefe, als Soldat, von der Hotelfachschule und beim Wienerwald in München gehören dazu vor allem viele Aktionen, von denen seine Herzensstadt Neumünster profitiert hat.

Die ersten verkaufsoffenen Sonntage, Konzerte auf dem Großflecken, Kartoffelschäl-Meisterschaften mit prominenter Beteiligung, Geranienmarkt, Tannenbaumalleen zur Weihnachtszeit – das ist nur ein Teil einer langen Liste, die mit Schrinners Namen verbunden ist. Hinzu kommen zahlreiche Sammelideen für den guten Zweck, vom Weihnachtssingen am Heiligabend bis zum Marmeladenkochen, -verkaufen und -versteigern. Dass Horst Schrinner unter anderem mit der Caspar-von-Saldern-Medaille – der zweithöchsten Auszeichnung der Stadt – geehrt wurde, erscheint da nur folgerichtig. Einmal allerdings stieß es unangenehm auf, dass sein Name und sein Engagement eng mit einem inzwischen zum Fast-Food-Riesen angewachsenen Konzern verbunden ist. Als im Dezember 2004 von jedem verkauften Big Mac, Cheeseburger und Salat, von jeder großen Portion Pommes frites und von jeder Fruchttüte 5 Cent für die Schulen in Neumünster gehen sollten, gab es als Beilage den bösen Leserbrief eines Ernährungswissenschaftlers. Auf den wiederum ein Ratsherr antwortete: „Übrigens führt er das Geld auch für jeden verkauften Salat ab."

Horst Schrinner „schmeckte" der Gegenwind und als er am Ende der Aktion 5555,55 Euro überreichte, garnierte er die Spende mit dem Hinweis auf 1537 kg verkauften Salat, 501 kg Tomaten und 634 Fruchttüten.

Wie groß deren Anteil wohl heute beim wöchentlichen Burger-Tag des Fast-Food-Pioniers ist? Das ist geheim wie das Rezept der Burger-Klassiker, denn ein Bachelor of Hamburgerology genießt – und schweigt.

Streng geheim: Roger Moores Unfall

Dichte Nebelschwaden. Der Mond blickt bedrohlich hinter bizarren Wolkenbildern hervor. Aus dem Dunkel nähert sich mit rasantem Tempo ein olivfarbener Jeep. Sein Scheinwerferlicht schneidet durch die Nacht, der Motor heult hochtourig. Auf dem federnden Sitz ein junger Mann, Kurzhaarschnitt und harte Gesichtszüge. Seine Hände greifen fest das Lenkrad. So fest, dass die Fingerknöchel hell im auf- und abblendenden Licht der Straßenlaternen schimmern, als das Auto das Ortsschild passiert. Zu hohe Geschwindigkeit. Wir sehen den Blick des Mannes: nervös, erst nach vorn, dann in den Rückspiegel. Nach vorn, in den Rückspiegel. Immer wieder. Die Augen hellwach und gehetzt, ein leichter Schweißfilm auf der Stirn. Mögliche Verfolger sehen wir nicht, aber wir spüren sie.

In einer Kurve das Unfassbare: Das Lenkrad gehorcht nicht mehr. Die Musik schwillt an, der Blick panisch, das Licht grell, der Motor heult auf. Ein Blitz, ein Knall – und schlagartig ist es dunkel.

So in etwa würden wir die Szene wohl in einem James-Bond-Film zu sehen bekommen. Den dramatischen Unfall, der den 007-Darsteller Roger Moore mit Neumünster verbindet. Ein blutiges Kapitel seiner Biografie, das ein trauriger Wendepunkt im Leben des bekannten Schauspielers hätte werden können

Roger Moore 1973.

– doch offenbar hatte er bereits als 19-Jähriger Stehauf-Qualitäten, wie wir sie von James Bond nur zu gut kennen. Wie genau es zu dem schweren Unfall des später berühmten Schauspielers gekommen ist und wie er sich ereignet hat, wissen wir nicht, die dramatischen Einzelheiten entspringen filmischer Fantasie. Denn auch wenn das schwere Unglück verbrieft ist, liegen große Teile der Wahrheit – wie der fiktive Filmausschnitt – im nebligen Dunkel.

Zu den Fakten: Dass Roger Moore als junger Mann einige Zeit bei uns in Schleswig-Holstein verbracht hat, wird in jeder Biografie aufgeführt. Als junger Offizier war er bei der britischen Rheinarmee und zunächst in Schleswig, dann in einem Versorgungslager in Neumünster stationiert. Schließlich gehörte er zu der „Combined Services Entertainment Unit“, die für die Unterhaltung der britischen Truppen in Deutschland und Europa zuständig war. Der spätere James Bond hat also erste wertvolle Theatererfahrungen bei uns gemacht, so könnten wir heute

voller Stolz erzählen. Nur leider ist da eben auch diese leidvolle Erfahrung, die ihn mit unserer Stadt verbindet.
Das Truppentheater war im Juni 1947 wieder einmal im Hotel „Stadt Hamburg“ in Eckernförde aufgetreten. Theater- und Show-Gastspiele, die allen Beteiligten viel Spaß machten. Auf der Rückfahrt nach Neumünster löst sich das Lenkrad des Jeeps, der Wagen prallt gegen einen Baum. Roger Moore verliert sofort das Bewusstsein, an Einzelheiten erinnert er sich nicht mehr. „My head and jaw were split open.“ Kopf und Kiefer waren gebrochen, so ist es auf der Homepage von Roger Moore nachzulesen. Erst nach einer Woche wacht er im Krankenhaus in Hamburg wieder auf, in dem er drei Monate bleiben wird. Ein langwieriger, aber erfolgreicher Heilungsprozess, denn nicht einmal Narben sollen zurückgeblieben sein. Dafür jedoch jede Menge Fragen, bis heute. Angefangen bei Ort und Zeitpunkt: Wo genau der Unfall gewesen ist, lässt sich nicht herausfinden. Obwohl es so manche Mission in dieser Frage gab. Zuletzt war die Lokaljournalistin Anja Rüstmann im Auftrag ihrer Redaktion unterwegs, wenige Monate vor Roger Moores Tod. 2017 war das, der 89-jährige Schauspieler selbst lebt sehr zurückgezogen, sein Pressesprecher antwortet ihr nicht. Und auch die britische Armee gibt an, nichts im Archiv gefunden zu haben. Da half kein Schütteln und kein Rühren. Selbst das Archiv der Neumünsteraner Polizei reicht nicht so weit zurück. Immerhin lässt sich aber das Datum herleiten. In Moores Erinnerungen heißt es nämlich, er habe ein halbes Jahr vor dem Unfall seine Jugendliebe, die Eisläuferin Doorn van Steyn, geheiratet. Der Unfall muss demnach im Sommer 1947 gewesen sein.
Im Neumünsteraner Stadtarchiv ist bekannt, dass Roger Moore als Versorgungsoffizier in Neumünster stationiert war und der Unfall in einer Biografie erwähnt wird – mehr aber auch nicht. Wenn

sich auch viel über das Leben, das Wirken und die Rollen des muskulösen Gentleman nachlesen lässt, bleiben die Armeezeit und der schwere Unfall Randnotizen in Roger Moores Lebenslauf. Ihre Geheimnisse beinahe so streng behütet wie die Kronjuwelen seiner Majestät. Aber für ein bisschen Smalltalk – vielleicht vor dem nächsten James-Bond-Kinobesuch – reicht es allemal. Und wie heißt es lebensweise bei 007: „Sag niemals nie."

Neumünster schwooft

Es gibt Namen in Neumünster, die klingen nach Musik. Selbst nach Jahrzehnten. Die meisten Gebäude stehen zwar längst nicht mehr oder werden anders genutzt, aber die Bilder, Gerüche und vor allem Melodien der einstigen Tanzlokale bleiben lebendig. Die „Tonhalle" am Großflecken zum Beispiel, mit der angeschlossenen Dorett-Bar, die bis morgens um 5 geöffnet hatte. Das „Bella Vista" am Kuhberg, die „Roxybar", die „Reichshalle" an der Ecke Altonaer Straße/Propstenstraße, die „Waldwiese", das Hotel Harmonie in der Kieler Straße, „Färbers Eck" oder auch „Oberbayern" in der Christianstraße, wo sich Feierfreudige trafen, wenn überall anders die Bürgersteige hochgeklappt wurden.

Freitags gab es die Lohntüte, das Wochenende wurde gefeiert – und das hieß in den 60er- und 70er-Jahren, neben reichlich Alkohol, sich zu amüsieren und tanzen zu gehen. Gerne auch sonntagnachmittags. Gerade in Neumünster mit seinen Kasernen ein beliebtes Vergnügen, inklusive elterlichem Ärger für junge Damen, wenn sie ihren Bus verpasst hatten und nicht pünktlich wieder zu Hause waren.

Ein Kurs in der Tanzschule war für viele Mädchen und Jungen ein Muss. Nicht nur, weil es zum Abschlussball ein Benimm-Buch für alle gab. Rumba, Cha-Cha-Cha, Rock 'n' Roll – „Wir wussten damals, wer tanzen kann, bekommt die schönsten Frauen“, grinst Rainer Hebel. Und so waren er und seine Freunde stets überpünktlich und startklar, wenn die Band um 20 Uhr zu spielen begann: „Wir waren immer spätestens um 19.30 Uhr zur Stelle. Dann haben wir ein Bier bestellt und geguckt, welche Mädchen uns gefallen. Und wenn die Musik losging, haben wir sie aufgefordert.“ Richtig gut gelaufen ist der Abend schließlich, wenn er die Auserkorene sogar mit nach Hause begleiten und auf ein Küsschen hoffen durfte.

Eine Taktik, die nicht immer aufging. „Mir war Rainer schon aufgefallen, als ich mit meinem damaligen Freund unterwegs war. Aber ich fand es immer so übertrieben, wie er tanzte“, gesteht Heike, die damals Steen mit Nachnamen hieß. Doch wer lange tanzt, wird endlich gut. Der fesche Rainer legte sich ins Zeug: „Sie war ganz blond, das hat mir gefallen. Da hab ich mich schon ein bisschen in sie verliebt.“ Und so schaffte es der 20-jährige Soldat, die 14 Jahre alte Schülerin von sich zu überzeugen und künftig mit ihr gemeinsam übers Parkett zu schweben. Sehr angesagt war „Der Hamburger“, ein Paartanz mit vielen Drehungen und engem Kontakt: „Wer den konnte, war bei den anderen hoch angesehen. Aber wie der genau ging? Keine Ahnung.“

Die Erinnerung an die damaligen Tanzlokale ist so präsent wie jeder Discofox-Schritt. In Einfeld im Norden Neumünsters, das erst 1970 eingemeindet wurde, waren die „Strandhalle“ und das „Deutsche Haus“ bevorzugte Treffpunkte. Die kleine Heike ging mit ihrer zwei Jahre älteren Schwester dorthin. Wenn Wachtmeister Ernst mit dem Fahrrad zur Kontrolle kam, versteckte sie sich auf der Toilette oder in den Büschen. Und war dort nicht die Einzige. Für die Musik sorgten Bands, die unter den Partygängern der Region wohlbekannt waren und ihre Auftrittsorte wochenweise wechselten. Die „Sanguinis“, „Band Boys“, Pepitos“, „Cherigos“, „Moonlights“ oder die „Melodies“ etwa und natürlich „Die Flamingos“. So nannte sich die Formation, in der die musikalischen Brüder Schmidt auftraten. Als er 16 war, durfte Klaus Schmidt als jüngster Spross der Familie mitspielen, wenn auch anfangs mit Dämpfer: „Ich war sonntags beim Tanztee mit dabei. Aber wenn die Polizei kam, musste ich schnell hinter dem Vorhang verschwinden“, erzählt er. „Die Leute wollten vor allem Stimmungsmusik hören, Lieder zum Tanzen und Mitsingen. Dazu gehörten rheinische Schunkelwalzer genauso wie ‚Die blauen Dragoner‘, Seemannslieder oder alle Freddy-Songs. Richtige Gassenhauer eben, von Anfang an. Die Musik hatte damals eine andere Wertigkeit, die war nicht so kurzlebig wie heute manchmal. Und wenn wir die Caprifischer gespielt haben, sang der ganze Saal mit. Oder grölte mit. Wir hatten alle einfach Spaß an der Musik.“ Nicht zu vergessen: Polonaisen und Tanzspiele, wie zum Beispiel der Marschwalzer. Da bewegten sich die Beine zunächst zu Marschmusik, um dann mitten im Lied in einen Walzer zu wechseln.

Die Klänge boten die Musiker nicht nur live und handgemacht dar, sondern anfangs auch ohne Verstärker. Klaus Schmidt: „Aber das wurde ja alles moderner. Damit wir besser rüberkamen, haben wir zuerst Radios umgebaut und als Lautsprecher genutzt. Dann hatten wir Kontakt zur Firma Aschenbach, die sitzt ja hier in Neumünster.“ Der Hersteller für Bühnentechnik, der bis heute in der Industriestraße firmiert, ließ die Flamingos die firmeneigenen Verstärker testen: „Erst gab es nur die Klangfarbe ‚natur‘, dann kam ‚Hall‘ dazu – und richtig klasse wurde es, als wir Echo und Hall einsetzen konnten.“

Und nicht nur die Technik wurde ausgereifter, Klaus Schmidt ebenso. Selbst nach seiner Ausbildung zum Werkzeugmacher verbrachte er viel Zeit mit der und für die Musik. Fünf Mark pro Stunde waren finanziell attraktiv, und weil viele Lokale am Wochenende etwas bieten (und damit etwas verdienen) wollten, waren Musiker gefragt. Um sie gab es zeitweise ein wahres Wettbieten – mit ordentlichen Löhnen und freien Mahlzeiten. Einige Jahre lang lebte Schmidt gut von seiner musikalischen Begabung, spielte nachmittags zum Tee und abends zum Tanztee in Heiligenhafen, begleitete in Kiel Stars wie Drafi Deutscher, Marianne Rosenberg, Peter Orloff oder Freddy Breck und trat in Neumünster schließlich im „Oberbayern“ auf. Das Lokal in der Christianstraße gehörte zu den Läden, in denen es im Laufe der Jahre etwas professioneller zuging. So wie im Norden der Stadt im zweiten großen Tanzlokal Einfelds, im „Deutschen Haus“ gleich neben dem damaligen Bäcker Riemann. Durch Verbindungen nach Hamburg traten hier sogar bekannte Starclub-Bands wie die Rattles auf.

So haben sie noch viele Menschen im Norden Neumünsters in Erinnerung: die „Strandhalle“ in Einfeld, das damals noch eigenständig war.

Die meisten Musiker waren und blieben aber Künstler zum Anfassen. So durften spontane Mitspieler mit auf die Bühne, und darüber freut sich Klaus Schmidt: „Das war schon so was wie Nachwuchsförderung bei uns. Aber nicht nur, wir haben auch mit anderen Gruppen, wie zum Beispiel Sportvereinen, Lieder einstudiert. Und ich erinnere mich auch an ausgelassene Abende, an denen wir von der Strandhalle aus mit Polonaise zum See sind und da dann alle gebadet haben."

Erlebnisse wie diese sind es, die den Musiker mit den Tanzwütigen von damals bis heute verbinden. Ein wenig Wehmut schwingt mit, wenn Rainer und Heike Hebel berichten. Gefeiert wurde eben anders, nicht nur unter Jugendlichen. „Es war schon in den 50ern üblich, dass es in Einfeld Volksfeste wie Ringreiten oder das Vogelschießen gab. Dazu gehörte ein Umzug, und zum Feiern wurden die Schulklassen auf die Gaststätten verteilt. Nachmittags waren die Eltern dabei", erzählt Heike Hebel. Ihr Mann lacht: „Das war dann der fürchterliche Teil." Aber es wurde eben auch gemeinsam gefeiert, bis die Eltern unter sich bleiben wollten.

An solche Feste, an Tanznachmittage und Samstagabend-Schwoof erinnert mittlerweile wenig, die klassischen Tanzlokale aus den 50er-, 60er- und 70er-Jahren gibt es längst nicht mehr. Doch sie wirken bis heute nach, denn tanzbegeistert sind Heike und Rainer Hebel auch nach über 50 Jahren Ehe. Und Klaus Schmidt? Der ist kein bisschen leise. „Mid-Live" heißt die Gruppe, die er mit 70 neu gegründet hat: „Wir vier Männer sind damit die älteste Boygroup Schleswig-Holsteins."

Märklin-Eisenbahn und Steiff-Tiere – Puppen Popp

Es gibt Menschen in Neumünster, die sind davon überzeugt, dass der Weihnachtsmann früher in der Lütjenstraße eingekauft hat. Dort, im Schaufenster der Nummer 7, standen in der Adventszeit all die Dinge, die sich Mädchen und Jungen so sehr wünschten – Puppen, Puppenhäuser, Stofftiere, Modellautos und Spiele, dazu drehte eine beleuchtete Modelleisenbahn gemächlich ihre Runden. „Puppen Popp war doch DER Laden unserer Kindheit", sagt Astrid Rehder und ist mit dieser Meinung nicht allein.

„Als es freitags mit Papa zum Wochenmarkt ging, blieb ich regelmäßig am Schaufenster kleben. Tolle Zeit!", erinnert sich Gabriele Evert. Und auch Hartmut Kratzsch schwärmt: „Ich hatte immer große leuchtende Augen wegen der Feuerwehrautos, wenn ich mit meiner Mutter in der Stadt war." Ein Riesenbär von Pustefix hatte es Thomas Hartmann angetan: „Der Arm ging hoch und der Bär pustete Seifenblasen ohne Ende." Darunter das so liebevoll dekorierte Schaufenster. Die Kinder drückten ihre Nase platt und ihre Wünsche wuchsen. Für Olli Schönhoff wuchsen die auf Schienen: „Es gab zeitweise eine Märklin Eisenbahn im Schaufenster. Das war ein Oval, ich glaube eine Startpackung. An der Fensterscheibe war so was wie ein Kontakt und wenn man die Hand darangelegt hat, fuhr der Zug."

Die Lütjenstraße – ein ehemaliger Damm durch das Wiesental der Schwale, seit 1973 Fußgängerzone – war in der Nachkriegszeit eine Gasse mit vielen Geschäften. Schuhmacher, Werkzeugmacher, Bücherkabinett, Blumen, Fotograf, Juwelier, Schuhhandel – sie alle und einige mehr boten zwischen Kleinflecken und Großflecken ihre Waren und Dienstleistungen an.

In der Lütjenstraße stieg mit dem Wohlstand auch das Angebot in den Geschäften. Puppen Popp (im Foto rechts) war für Kinder das reinste Paradies.

Das Haus Nummer 7 teilten sich in trauter Nachbarschaft der Musikalienhändler Sass mit dem Schaufenster auf der linken und eben Puppen Popp mit dem auf der rechten Seite.
Und die Auslage war erst der Anfang: „Die Klingel und das spezielle Geräusch von der Tür habe ich jetzt noch im Ohr“, bekennt Olli Schönhoff. Wer wie er den Hausflur betrat und nach rechts ins Geschäft abbog, dem bot sich ein wahres Kinderparadies. Platz für vielleicht gerade mal vier Kunden. Zur linken Hand ein großzügiges Regal mit Puppen und den dazugehörigen Kleidern und Wagen. Geradeaus ein langer Tresen mit großem und kleinem Spielzeug, teils zum Anfassen, teils unter der Glasplatte. Dahinter ein weiteres großes Regal, auf dem sich Puppen, Steiff-Tiere, Spiele und Spielzeuge oder auch Matchbox-Autos ebenso einträchtig wie verführerisch zueinander gesellten. Und schließlich links eine Art Fachabteilung: alles für die Modelleisenbahn. Direkt dahinter befand sich ein eigener Lagerraum für Züge, Waggons, Gleise, Technik und Modellhäuser.
Das war das Reich von Fritz. Einem der drei Geschwister, die den

Laden Puppen Popp – zusammen mit zwei angestellten Verkäuferinnen – führten. In der kollektiven Erinnerung der Neumünsteraner Kinder aus den späten 50ern aufwärts nehmen die Eigentümer einen festen, liebevollen Platz ein. „Ein Herz von Mensch saß an der Kasse und ich wollte immer ‚selbst bezahlen'. Ich hab es geliebt", erzählt Astrid Rehder.

Dieses „Herz" war Hildegard Popp. Durch eine MS-Erkrankung körperlich stark eingeschränkt, hatte sie von ihrem Stammplatz an der Kasse aus den Überblick, war das wandelnde Warenregister. Wo welches Spielzeug zu finden war, was bestellt und demnächst geliefert wurde – sie wusste es. Und bei kleinen Stammkunden ließ sie auch mal beim Preis mit sich reden. Hildes Schwester Gertrud war neben dem Verkauf dafür zuständig, die Trends der Zukunft zu erkunden. Als regelmäßige Besucherin der Spielwarenmesse in Nürnberg sorgte sie dafür, dass die Neuheiten die norddeutsche Provinz erreichten.

Wie kaum ein anderes Kind ging Corinna Schmid bei Puppen Popp ein und aus und hatte tiefen Einblick ins Spielzeugparadies, denn sie gehörte zur Familie. Obschon das Verwandtschaftsverhältnis etwas kompliziert klingt. Der Gründer des Geschäfts war der Cousin ihrer Oma Herta Stuttfeld. Die Kinder von Corinnas Tante Marie Popp übernahmen das Geschäft von ihm, wobei Marie in einem städtischen Adressbuch offiziell als Geschäftsführerin, ihre Kinder als Verkäuferinnen geführt wurden. Corinna, die seinerzeit Stuttfeld mit Nachnamen hieß, war all das ziemlich egal: „Für mich hießen sie einfach Onkel und Tante, das war völlig ausreichend, und ich bin sehr häufig sehr gern bei ihnen gewesen", erzählt sie.

Die beiden Schwestern lebten in einer Wohnung über dem Geschäft und hier waren die Bestellungen der Spielwarenmessen zu sehen: „Die Wohnung war nicht besonders groß, es gab ein

Wohnzimmer, ein Schlafzimmer und eine Küche. Im ganzen Flur, den ich als irre lang in Erinnerung habe, und im halben Schlafzimmer türmten sich Stofftiere, Puppen, Eisenbahnen und andere Spielzeuge. Alles, was sie bestellt haben, wurde hier erst mal gestapelt und zwischengelagert, denn so viel Platz war in dem Geschäft ja auch nicht."

Eine verspielte Unordnung, die das kleine Mädchen überhaupt nicht störte – ganz im Gegenteil: „Ich fand das immer sehr spannend, was da alles lag. Und ganz oft am Wochenende haben wir zusammengesessen und neue Spiele ausprobiert." Meistens war das am Sonntagnachmittag, wenn die Abrechnungen gemacht waren. Besonders gefeiert haben die Puppen-Popp-Geschwister Scrabble, das Spiel, bei dem Buchstaben zufällig gezogen und sinnvoll zu möglichst langen Wörtern gelegt werden müssen: „Das war natürlich ein Spiel für größere Kinder und Erwachsene. Das haben sie gespielt und geliebt, noch bevor es überhaupt im Laden zu kaufen war."

Sie selbst, so erzählt Corinna Schmid heute, habe diese Zeit sehr genossen, richtig zu würdigen weiß sie sie erst jetzt im Erwachsenenalter: „Vieles war ja selbstverständlich, Lego, Puppen, Teddys. Und es gehörte einfach dazu, dass wir bei meinen Tanten und meinem Onkel reingeschaut haben, wenn wir in der Stadt waren. Manchmal – nicht immer – gab es dann auch ein kleines Geschenk, ein Jojo, Murmeln oder ein Springseil zum Beispiel. Aber auch wenn nicht – in diesem Laden musste man sich als Kind einfach wohlfühlen."

Das bestätigen viele der früheren Kunden, selbst wenn sie aus sehr unterschiedlichen Gründen kamen. So erinnert sich Rossi Machler-Ruser an seine Panzer-Miniaturmodelle von Roskopf, Ralf Werner an seinen Drachen und an Siku-Autos sowie die Trix-Eisenbahn, die er so geliebt hat. Wolfgang denkt sofort an

Zeitloses Spielzeug: Ihre Schildkröt-Puppe von damals hütet Corinna Schmid noch heute.

seine Spur-N-Eisenbahn, und auch Olli Schönhoff hatte es die Welt im Kleinformat angetan: „Ich habe bei Puppen Popp die ganzen Sachen für meine Märklin-Eisenbahn gekauft. Vom Taschengeld mal einen Baum je nach Größe für 60 Pfennig bis 1,80 DM. Wenn ich mal etwas mehr Geld zusammen hatte, Viking Autos, die ich übrigens heute noch habe, und die ganzen Häuser und Züge."

Kein Einzelfall übrigens und das spricht nach Ansicht von Corinna Schmid für die Qualität: „Sie haben großen Wert darauf gelegt, keinen Ramsch zu verkaufen." Das machte es nicht immer leicht, denn Karstadt und das Kaufhaus HAKA am Großflecken hatten ja auch Spielzeugabteilungen, die mit viel Aufwand um junge Kunden warben. „Aber damals war das Einkaufsverhalten trotzdem noch ein anderes", ist sich Schmidt sicher. „So wie es auch selbstverständlich war, dass wir hauptsächlich in den anderen Geschäften der Lütjenstraße kauften, Schuhe zum Beispiel bei Persson nebenan."

Und weil Reparaturen sich allemal lohnten, war bei Puppen Popp selbstverständlich der Puppendoktor zur Stelle, wenn der Kopf wackelig oder ein Arm locker war. Die Visite nutzte auch Sabine: „Was wurde meine Puppe Christine dort repariert", schmunzelt sie, „mal war ein Auge in den Kopf gefallen. Mal waren Arme oder Beine verdreht. Und ein büschen Lippenstift hat sie auch immer liebevoll bekommen. Heute sitzt Christine in alter Schönheit bei Tochter und Enkelchen.“ Insiderin Corinna Schmid selbst freut sich an der Schildkröt-Puppe aus ihrer Kindheit.

Ein derart langes und liebevolles Leben ist offenbar vielen Spielzeugen aus der Puppen-Popp-Ära vergönnt. Stefan Petersen weiß genau, wie ihm die Schubladen mit den Wiking Autos über den Tresen gereicht wurden. Der Tresen wurde gefühlt kleiner, die Vorliebe blieb groß: „Die Autos sammle ich heute noch, mit 51 Jahren.“ Rossi Machler-Ruser bekennt ebenfalls: „Ich habe meinen Teddy Bobo auch noch. 1966 zu meinem ersten Christenfest bekommen.“ Und so gibt es auf Sofakanten, in Schubladen, Vitrinen und Erinnerungskisten oder auf Dachböden in Neumünster zahlreiche stumme Zeugen aus der alten Lütjenstraße.

In den 90ern wechselte das Geschäft den Besitzer und den Standort, der Name Puppen Popp blieb noch eine Weile erhalten. Sein guter Ruf klingt bis heute nach – wenn auch in einem Fall verbunden mit einer schmerzhaften Lektion fürs Leben. So erzählt ein mittlerweile gestandener Neumünsteraner etwas verlegen, dass er sich als kleiner Basti vor 35 Jahren von einem vermeintlichen Freund zu einer Tat hinreißen ließ, die er bitter bereut: „Ich fragte nach einem Spielzeug oben auf dem Regal. Und als die sehr nette Verkäuferin sich dann bemühte und das Teil herunterholte, steckte ich eine kleine Schachtel ein mit vier oder fünf Soldaten darin. 3 Mark 50 hätten die sonst gekostet.“ Der heute zum Glück verjährte Diebstahl rächte sich in den darauffolgenden Tagen: „Ich hab ein richtig schlechtes Gewissen bekommen. Ich hab die Soldaten erst mal im Bettkasten versteckt und konnte kaum schlafen. Spielen wollte ich auch nicht mehr mit ihnen – nach einer Woche hab ich sie dann heimlich weggeworfen.“

Schornsteinfeger Himmelreich als Glücksbringer

Zum Ende des Jahres trägt er schwarz, denn zu Silvester ist Horst-Günther Himmelreich als Glücksbringer gefragt. „Meine Arbeitskleidung passt mir auch nach 44 Jahren“, schmunzelt der ehemalige Schornsteinfeger und präsentiert die Maßanfertigung: den Koller aus Hirschleder mit den Wappenknöpfen, die den Heiligen St. Florian zeigen, und natürlich den Zylinder.

Der diente früher nicht nur als Kopfbedeckung, sondern der Schornsteinfeger sammelte darin die Geldscheine, die er von seinen Kunden bekam. „Die Kehrgebühr wurde damals ja noch in bar bezahlt. Für die Münzen war die große Hosentasche da, für die Scheine eben die Hutkrempe“, erzählt Horst-Günther Himmelreich: „Als mir dann der Zylinder bei Sturm mal weggeflogen ist, fanden die Leute noch Wochen später auf dem Kartoffelacker in der Kieler Straße Fünfmarkscheine.“ Von solchen Geschichten weiß der Tungendorfer jede Menge zu erzählen. 30 Jahre lang, von 1961 bis 1991, arbeitete er als Schornsteinfeger. War mit dem Bambus-, dem Stoß- und dem kugelbehängten Leinbesen und natürlich mit der zweieinhalb Meter langen Leiter bekannt wie ein schwarzer Hund. Mit dem Fahrrad fuhr er von Haus zu Haus, ging mit kräftigen Armen und Beinen aufs Dach und mit gerader Zunge auf dem First zum Schornstein.

Das Bild des Schornsteinfegers auf dem Dach – inzwischen selten – gehörte vor allem in den 60er- und 70er-Jahren dazu. „Wenn ich da drei Stunden in 20 Metern Höhe wie so ein Seiltänzer rumgelaufen bin, fühlt es sich nachher auf dem Boden an, als ob ich wie gefedert laufe“, erzählt er. Es war körperlich harte Arbeit, allein wegen der schweren Ausrüstung und der Arbeitskleidung. Dafür gab es aber einen Ausblick auf die Stadt, den

Die alte, schwere Arbeitskleidung passt nach wie vor und zu Silvester zieht Horst-Günther Himmelreich sie immer wieder an.

sonst keiner hat, und viele Kontakte zu den Menschen, denen er aufs Dach steigen durfte: „Man kennt jedes Haus und vor allem die Menschen darin – ich wusste immer, wenn der Opa Husten hatte und die Oma Kopfweh."

Der Schornsteinfeger war bei vielen Menschen willkommener Gast. So zum Beispiel bei der lieben älteren Nachbarin, bei der es Kaffee gab – allerdings mit unerwünschtem Schuss. „Sie hatte immer einen Tropfen an der Nase hängen, der sicher auch mal seinen Weg in den aufgebrühten Kaffee fand. Wenn ich etwas länger blieb, gab sie auch noch einen Schnaps aus. Stilvoll ausgeschenkt in einem Glas mit Kaiser-Wilhelm-Emblem. Aber hier war es das gleiche Problem, ein Nasentropfen konnte mit dabei sein."

Horst-Günther Himmelreich hat es außer an den Kaffeetisch und auf die Dächer auch in die Fotoalben vieler Familien geschafft. Als Glücksbringer war er stets gefragt: „Nachdem ich einmal bei einer Hochzeit als Talismann auftauchte, wurde ich immer wieder eingeladen – beim Vespa-Club, bei einer mittelalterlichen Hochzeit oder auch ohne Anlass nur als Fotomotiv, weil ich vor der weißen Wäsche wohl so besonders schwarz wirkte.“ Eine Hochzeit im Krückenkrug bleibt unvergesslich: „Ich saß als Überraschung versteckt in einer Kiste, die mit einem Tieflader angekarrt wurde. Am Ziel kippte die Kiste um – die Blumen waren lädiert, ich kroch auf allen Vieren heraus.“ Um einen Spruch war er dennoch nicht verlegen und sagte dem erstaunten Brautpaar: „So sieht man eben aus, wenn man schon zehn Jahre verheiratet ist.“

Einmal in seiner Dienstzeit hat das Glück Horst-Günther Himmelreich allerdings verlassen. In der Ehndorfer Straße kam er ins Rutschen, stürzte aus 15 Metern Höhe ab. Zunächst kopfüber, konnte er sich drehen, blieb mit den Hacken an der Regenrinne hängen und stürzte zwischen zwei Erkern hindurch drei Etagen tief auf einen Rasen. Menschen, die entsetzt zugesehen hatten, riefen: „Ist er tot?“ Seine trockene Antwort: „Macht keinen Scheiß!“ Drei Tage lang wagte ihn selbst im Krankenhaus niemand anzurühren und er lag in voller Montur im Bett. Die weiße Bettwäsche war anschließend hin – er zum Glück nicht. Auf dem Dach ging es danach unverdrossen weiter. Bis Horst-Günther Himmelreich Anfang der 90er in einen anderen Beruf wechselte, der sogar noch besser zu seinem wohlklingenden Nachnamen passte: Er wurde Küster an der Anscharkirche. Dass er als Rentner zu Silvester seine schwarze Kluft wieder anzieht und seinen Nachbarn kleine Glücksbesuche abstattet, ist für ihn Ehrensache. „Das gehört zu meinem Leben. Ich durfte so vielen Menschen Glück bringen – an manchen Tagen hätte ich glatt ich aufs Waschen verzichten können, weil mich ja so viele schon angefasst hatten. Da war kaum noch Ruß an mir“, lacht er: „Und ich musste auch auf ganz viele Lottoscheine spu-

Als fröhlicher Schornsteinfeger war Horst-Günther Himmelreich bekannt wie ein bunter Hund.

cken, damit es Glück bringt." Eines sei allerdings bis heute seltsam: „Alle haben sie gesagt ‚Wenn ich gewinne, kriegen Sie die Hälfte ab.' Ich habe nie wieder was von ihnen gehört – die sind wohl alle nach Australien ausgewandert."

So viel Theater – von großen Künstlern und Lachanfällen

Neumünster hatte sie alle: Will Quadflieg, O. E. Hasse, Marianne Hoppe, Elisabeth Flickenschildt, Klaus Kinski, Gert Fröbe, Bernhard Minetti ... Wer in den 50ern einen großen Namen in der Theaterwelt hatte, stand in dieser Stadt auf der Bühne. Seinen Ruf als Kulturstadt musste sich Neumünster zwar erst ordentlich zurechtzimmern, doch die Künstler kamen trotzdem. Ja, sie mussten, denn in der Zeit des Wiederaufbaus hatten Schauspieler und Sänger keine Stammhäuser, sondern gingen auf Tour, um Geld zu verdienen. Ein offizielles Theaterarchiv über alles, was da auf den verschiedenen Bühnenbrettern in Neumünster geboten wurde, gibt es nicht. Dafür aber mehrere Schränke und Schubladen im Keller von Karin Hartmann. Fotos, Eintrittskarten, Plakate und Texte hat sie gesammelt und geordnet – einen Großteil davon selbst geschrieben, denn sie hat sich in mehr als 50 Jahren als lokale Theaterkritikerin einen Namen gemacht.

Bereits als 14-jährige Klaus-Groth-Schülerin besaß Karin Hartmann ein Schüler-Abo fürs Theater. „Am Bühnenausgang hab ich mit meinen Freundinnen dann hinterher oft gewartet, um uns von den Schauspielern Autogramme zu holen", erzählt sie. In Erinnerung geblieben ist Siegfried Munz vom Landestheater. Er war Fachmann für Theaterschurken und spielte später in dem Heinz-Erhardt-Film „Das kann doch unsren Willi nicht erschüttern" mit. „Siegfried Munz mochten wir junge Kröten besonders, und er hat das wohl auch genossen. Auf jeden Fall hat er uns ordentlich einen vom Pferd erzählt. Wir haben viele berühmte Leute zu sehen bekommen, aber das wussten wir damals gar nicht richtig zu schätzen."

So war es wohl auch, als Karin ihre erste Kritik für die Schülerzeitung schrieb: Heinrich von Kleists „Penthesilea", ein Trauerspiel mit Maria Wimmer in der Hauptrolle. Die hatte Karin Hartmann überhaupt nicht gefallen: „Und das gab dann richtig Ärger mit der Deutschlehrerin. Sie meinte, ich könne über eine solche berühmte Schauspielerin doch nicht so schlecht schreiben. Ich sagte ihr dann: Aber an diesem Abend war sie nun mal nicht besser." Das sollte fortan ihr Leitmotiv für alle weiteren Kritiken werden: Schreiben, wie der Abend war – ganz gleich, wie groß

Viele Stars sind nach Neumünster gekommen. Und das, obwohl die Bedingungen jahrzehntelang schwierig waren.

der Name, wie berühmt oder beliebt die Darsteller sein mögen. Neumünster hat die ganze Bandbreite der Kultur erlebt – künstlerische Höhepunkte, sehr viel Mittelmaß und auch richtige Flops. Zu denen gehörte eine König-Lear-Aufführung mit Karl Heinz Martell: „Der Abend ging daneben, was aber hauptsächlich an der Regie lag. Das hat mich schon geärgert, und das hab ich dann auch geschrieben.“ Kurze Zeit später erhielt die Kritikerin einen Brief des Kritisierten. Er begann mit den Worten: „Sie hatten recht.“ Karl Heinz Martell gab zu, er habe etwas gespielt, was nicht zu ihm gepasst habe.

Die Darsteller und Künstler hatten in Neumünster kein leichtes Spiel. Bis das Theater 1986 in die heutigen Räume der Stadthalle einziehen konnte, war es ein langer und beschwerlicher Weg. Ein Drama geradezu. Die Kommunalpolitik erkannte zwar, wie wichtig geeignete Auftrittsmöglichkeiten wären, doch es vergingen Jahrzehnte, bis der Worte genug gewechselt waren und Neumünster endlich Taten, sprich: ein eigenes Theater sehen konnte.

Bis dahin war Improvisation für Darsteller, Bühnentechniker und die Zuschauer gefragt. Ein Kulturverein und ein Kulturbund organisierten nach dem Zweiten Weltkrieg zunächst Schauspiel-, Opern- und Operettenaufführungen, Liederabende und Vorträge. Gespielt wurde an zwei Orten, einer davon der Gemeinschaftsraum der Firma Ludwig Simon. Hier konnten die Zuschauer sogar im harten Winter 1947 warm sitzen, es war zwar nicht luxuriös, aber gut geheizt und trocken. Meistens jedenfalls, denn es wird auch berichtet, dass es dann und wann etwas reinregnete und die Besucher mit aufgespanntem Regenschirm die Kultur zu genießen versuchten. Da war es eine Verbesserung, als ab 1951 der Tanzsaal der „Tonhalle" am Großflecken zeitweise fürs Theater umfunktioniert wurde. Ein perfekter Spielort war es zwar nicht, aber immerhin gut genug für regelmäßige Aufführungen. Von nun an war Neumünster für die Landesbühne Schleswig-Holstein (das heutige Landestheater) fester Spielort und die Tourneetheater machten regelmäßig Station. Mit ihnen kamen die großen Namen.

Klaus Kinski! Ein Bericht in der „Volkszeitung" (VZ) vom März 1960 führt uns den Exzentriker bildhaft vor Augen, wie er sich den hiesigen Kulturfreunden mit Balladen von Villon und Rimbaud präsentierte: „Kinski im Ausbruch: Augenblicklich schwellen die Hals- und Kopfadern, so daß man Schlimmstes befürchten muß. Fast aus den Höhlen springende Augen fixieren ferne Punkte, weißer Schaum umspielt die Lippen, und hervorgepresste Worte (technisch immer noch einwandfrei) werden in höchster Ekstase in den Raum geschleudert, wobei verkrampfte Arm- und Handbewegungen dem Dichterwort kinskisch zur Niederkunft verhalfen." So mancher Besucher der ersten Reihe mag sich einen schützenden Regenschirm gewünscht haben. Alles in allem blieb es ein friedlicher Kinski-Abend. Gerade für Neumünster nicht selbstverständlich, denn die schlechten Rahmenbedingungen erforderten häufig Improvisationen und das brachte Probleme mit sich. Nicht auszudenken, wenn Klaus Kinski etwa zwei Jahre zuvor den „Hamlet“ dargestellt hätte – womöglich wäre er völlig ausgerastet. So aber war es der Hauptdarsteller Oskar Werner, der die Shakespeare-Aufführung im Februar 1958 beinahe platzen ließ. Mehr als eine halbe Stunde lang wartete das Publikum in der Tonhalle, weil es hinter den Kulissen mächtig Ärger gab. Ob es nun, wie Oskar Werner selbst hinterher sagte, „unzulängliche technische Bedingungen“ waren, einfach nur ein falsch drapiertes Kulissenteil oder schlichtweg unerfüllbare Forderungen des Stars, wird sich wahrscheinlich nie endgültig klären lassen.

Besser gesonnen war unserer Stadt Heinz Reincke. Allein aus familiären Gründen, denn seine Eltern lebten in der Schwalbenstraße in Faldera. Jeden Sonntag telefonierten sie und wenn er selbst als gefragter Film-, Fernseh- und Theaterschauspieler halbwegs in der Nähe war, besuchte er Vater und Mutter. Mindestens einmal im Jahr gab er in Neumünster ein Gastspiel mit seinem Programm „Die heitere Hamsterkiste“. „Er fühlte sich hier sichtbar wohl, und die Menschen in Neumünster mochten ihn“, erinnert sich Karin Hartmann, als sie alte Zeitungsausschnitte und Werbeanzeigen sichtet. „Heinz Reincke hat immer Spaß gehabt und Spaß gemacht.“

Die Zustände in der „Tonhalle“ indes wurden im Laufe der Jahre für alle Seiten stetig schlechter. Der Kommunalpolitik war das zwar durchaus bewusst, aber man verstand sich vorzüglich in der Kunst, Themen schier unendlich zu diskutieren und keine Entscheidungen zu fällen. So wurde denn der Neubau eines „richtigen“ Theaters weiter verschoben, und der gesamte Theater- und Konzertbetrieb zog zum Saisonbeginn 1964/65 nach

Tungendorf. Im „Corso“, einem ehemaligen Kino, gab es immerhin ansteigende Stuhlreihen, und die Besucher konnten kostenlos mit einem Theaterbus anreisen.

Auf und hinter der Bühne musste jedoch weiterhin improvisiert werden. So gab es manche Aufführung nur als Sparversion. Karin Hartmann: „Nicht jede Kulisse passte, und auf der Bühne hatten auch nicht allzu viele Personen Platz.“ Bei musikalischen Aufführungen wurde es kritisch: „Da ist es auch mal vorgekommen, dass sogar Requisiten in den engen Orchesterraum gefallen sind und da die Musiker getroffen haben. Die meisten haben das ohne großen Ärger ertragen, denn es hieß ja immer: Das ist jetzt erst mal nur vorübergehend, bis das richtige Theater da ist.“ Das „Provisorium“ in den ehemaligen Lichtspielen blieb schließlich deutlich mehr als 20 Jahre erhalten.

Als endlich 1986 das „Theater in der Stadthalle“ am Kleinflecken vollendet war, stand vor dem Triumphmarsch eine lange Schlange auf dem Programm: Der Andrang zur Eröffnungsoper „Aida“ von Giuseppe Verdi im Februar war unerwartet groß. „Es gab zwar extra schon zwei Aufführungen, aber trotzdem nicht genug Karten. Also mussten sie verlost werden“, erinnert sich Karin Hartmann. Das Kulturamt engagierte eigens den Schornsteinfegergesellen Andreas Matthießen als fotogenen Glücksbringer. Vor der Kamera der Lokalpresse zog er 750 Gewinner aus mehreren Tausend Bewerbungen.

Für die theaterbegeisterte Kritikerin gab es fortan einen festen Platz in der fünften Reihe. Mitarbeiter und Ensembles des Landestheaters freuten sich über ordentliche Bühnentechnik, Garderoben und ausreichend Platz für die Kulissen, sodass nun nicht länger jede Aufführung zum ungewollten Abenteuer werden musste. Die Besucher lassen sich weiterhin überraschen, ganz gleich, wie modern, volksnah oder abgehoben die jewei-

lige Inszenierung sein wird. „Die Mischung macht das Theaterleben aus“, freut sich Kritikerin Karin Hartmann. Und manchmal das Unerwartete: So werden die Theaterbesucher eine Vorstellung mit Herbert Herrmann und Stefan Behrens ganz sicher niemals vergessen. „Ein seltsames Paar“ von Neil Simon stand auf dem Plan: „Im ersten Akt hat einer der beiden einen Lachanfall bekommen. Erst versuchte er sich wegzudrehen, aber das ließ sich nicht verbergen. Die beiden spielten drauflos, Herbert Hermann hielt sich den Mülleimer vors Gesicht, sie verlachten ihre Stichworte, nahmen ein Buch aus der Dekoration und fragten: „Wo geht der Text hier jetzt weiter?“ – das Publikum lachte mit. Unter Tränen. Wir haben alle gemerkt, wie viel Spaß das den beiden macht. Es war einfach ein herrlicher Abend.“
In ihrer Zeitungskritik las sich das so: „Dieser Spaß übertrug sich auf das Publikum, und dessen ‚Mitgehen‘ bewirkte wiederum, daß Stefan Behrens und Herbert Herrmann ... dem Theateraffen tüchtig Zucker gaben und aus der Komödie eine Personality- und Comedy-Show machten. ... Auch wenn Neil Simon das Nachsehen hatte und das Stück aus dem Ruder lief, wurde das „seltsame Paar“ – trotz reichlich vieler klamottiger Passagen – zu einem höchst vergnüglichen, so selten mitzuerlebenden Theaterabend.“
Schauspieler, die wir aus dem Kino und vor allem aus dem Fernsehen kennen, lassen sich nach wie vor gern in Neumünster zu Gastspielen blicken. Neben den Profis sind es Laiendarsteller aus der Region, die viel zum hiesigen Theaterleben beigesteuert haben. Das „Intime Theater – Kammerspiele Neumünster“ 1957 etwa, das „schauspielstudio-neumünster“, das nach einiger Zeit im „Theater am Fürsthof“ auftrat, schließlich die Niederdeutsche Bühne und das statt-Theater. Hier versammeln sich engagierte Menschen, die Theater nicht nur als Zuschauer, sondern als

Mitwirkende, als Gestalter erleben wollen. Und auch sie verstehen sich darin, unermüdlich zu improvisieren und das jeweils Beste aus der Situation zu machen. „Die Bühne scheint mir der Treffpunkt von Kunst und Leben zu sein“, sagte Oscar Wilde. Vielleicht hat er dabei an die Theater-Bretter in Neumünster gedacht.

Annemieke - das schwarze Schaf in der Familie

Ein schwarzes Schaf ist auch nur ein Mensch: gesellig, neugierig und manchmal ganz schön bockig. Und während Besuchern des Tierparks heute vor allem die Eisbären, Berberaffen, Pinguine und Seehunde im Gedächtnis bleiben, amüsierten sie sich in den 80er-Jahren über ein junges Steinschaf. Annemieke hieß es und folgte seiner Stiefmutter auf Schritt und Tritt – obwohl die auf zwei Beinen lief.
Mit gerade mal 2300 Gramm war das kleine Lamm im Streichelzoo des Tierparks zur Welt gekommen. Niedlich anzusehen mit wunderschönen schwarzen Locken und langen Hängeohren. Der Geburtstag mitten im Januar war allerdings bitterkalt und die Mutter überlebte die Strapazen der Geburt leider nicht. Bärbel Schulze-Rehm war als Tierärztin zur Stelle: „Heute wäre das anders, aber damals hätte die Kleine keine Chance gehabt, deshalb habe ich sie kurzerhand mit nach Hause genommen.“ Für sie nicht das erste Pflegetier. In ihrer eigenen Kleintierpraxis, die sie bis 1980 in Gadeland hatte, und durch die Geflügelpraxis ihres Mannes gab es regelmäßig tierische Gäste. Aber mit Annemieke wurde vieles anders.

Die improvisierte Schaf-Stätte im Wohnhaus der Familie Schulze war schnell hergerichtet: eine Box mit Rotlicht, dazu Spezialmilch. Dann aber zeigte sich der Charakter des dankbaren Gastes. „Ich hatte mir vorher gar keine richtigen Gedanken gemacht, dass kleine Lämmchen ihrer Mutter ja in allen Lebenslagen bei Fuß folgen. In der Natur ist das gut, um zu überleben – ich musste mich aber doch daran gewöhnen“, lacht Bärbel Schulze-Rehm: „Sie konnte von Anfang an Treppen steigen und kam ständig hinterher. Sie lief also durchs ganze Haus, mit den entsprechenden Folgen, denn stubenrein wird ein Schaf nicht.“
Mit den vielen ausgelegten Laken und Tüchern sah es im Haus recht abenteuerlich aus. Und auch Sheila, die Airedale-Terrier-Dame des Hauses, musste sich umgewöhnen. Das schwarze Schaf der Familie besetzte ihre Hundehütte, Sheila musste umziehen. Dafür bekam sie aber stets die Reste aus der Aufzucht-Milchflasche und als Spielkamerad machte sich Annemieke gut. „Die beiden tobten gern zusammen im Schnee, wenn auch mit unterschiedlichen Regeln“, erzählt die Tierärztin. „Schafe gehen von Natur aus mit gesenktem Kopf auf den Gegner zu und boxen. Hunde untereinander packen sich spielerisch am Fell, schütteln den Gegner und werfen ihn um. Wenn die beiden also miteinander gespielt haben, haute sie zu und er warf sie um. Und das mit großem Spaß – das war köstlich!“
Nicht weniger amüsant war es, wenn Bärbel Schulze-Rehm mit ihrer Ziehtochter auf andere Menschen traf. „Wenn sie mit im Auto saß, ich an der roten Ampel halten musste und sie rausguckte, wurde sie meistens erst mal für einen Pudel gehalten. Die Blicke waren herrlich, wenn sie dann als Schaf erkannt wurde.“ Bei Führungen im Tierpark trottete sie ihrer Ziehmutter fröhlich hinterher, zum Vergnügen der Besucher. Und ein Servicetechniker der Telekom wird seinen mehrfachen Einsatz im Haus

der Tierärztin nicht vergessen: „Sie knabberte alles Mögliche an, auch das Telefonkabel. Als dann der Techniker kam, um es zu reparieren, war er entzückt von der Verursacherin. Ein paar Tage später musste er wieder kommen, denn sie hatte wieder geknabbert." Mit treuem Blick, neugierig-zärtlicher Zuneigung und den lustigen Ohren verstand es Annemieke, sich als Unschuldslamm zu präsentieren. Diesem Charme konnte sich der Techniker nicht entziehen: „Ich lasse Ihnen jetzt das Kabel hier", meinte er fröhlich, „vielleicht lässt ihr Schaf dann ja das Telefon in Ruhe." Vor der Erfindung des schnurlosen Telefons also die telefonlose Schnur – und tatsächlich war Ruhe.

Als das Wetter milder wurde, sollte das Lamm zurück in die Welt der Vierbeiner, zurück in den Tierpark. Statt Teppich, Küchenfliesen und Treppen von nun an Rasen, Steine und Findlinge. Aber im Streichelzoo war das Leben für Annemieke erstmal kein Ponyhof. Mit Menschen und deren tätschelnden Händen hatte sie kein Problem, aber mit den Artgenossen und den gleich großen Zwergziegen. „Sie war zwar selbstbewusst, doch die anderen haben sie nicht zum Schlafen gelassen. Also war so eine Art Kindergarten-Eingewöhnungszeit angesagt: morgens hinbringen, am Nachmittag wieder abholen." Bis Mitte März ging das so und im Alter von zwei Monaten hatte das Schaf schließlich auf der felsigen Fläche am alten Geestbauernhof seinen Platz gefunden. Sehr zur Freude der jüngsten Tierparkbesucher, denn in ihren folgenden 13 Lebensjahren brachte die zutrauliche wie selbstbewusste Steinschaf-Dame mehrfach Nachwuchs zur Welt „Mich hat sie immer noch von Weitem an der Stimme erkannt“, erinnert sich Bärbel Schulze-Rehm. Bis heute gern denkt sie an ihr wolliges Patenkind zurück: „Das war schon eine schöne Erfahrung, sie war schließlich anhänglicher als ein Hund. Man konnte ihr nicht böse sein. Aber das kann auf Dauer auch sehr anstrengend sein, und ich war froh, als ich die Wohnung wieder richtig sauber hatte.“ Zudem diente die Hundehütte nicht länger als Schafstall, Sheila hatte ihren Stammplatz zurück. Zu ihrer großen Freude, denn so ein Hund ist ja ein Gewohnheitstier – und damit auch nur ein Mensch.

Kindheitserlebnisse aus der Christianstraße

Die Christianstraße ist heute eine der zahlreichen Ein- und Ausfahrtsstraßen in Neumünster. Viel Verkehr, viele Wohnungen, viele Sprachen. Eine Straße, die im Laufe der Jahrzehnte ihren Charakter häufig gewechselt und sehr unterschiedliche Spuren hinterlassen hat. Eine dieser Spuren wirkt bis heute nach, nämlich im Namen der Straße. Bis September 1840 hieß die Strecke von der Ecke Kuhberg/Großflecken bis zum Stadtrand im Nordosten Tungendorfer Weg. Als aber der dänische König Christian VIII. eben dieses Weges kam, wurde die Straße ob dieser Ehre mit seinem Namen geadelt und mit ihr gleich auch eine Schule und eine Fabrik.

Der Name ist geblieben, königlicher Glanz weniger. Dafür aber jede Menge Erinnerungen an das Leben dort. Zu der Zeit, als Konrad Adenauer als erster Bundeskanzler dabei war, die junge Bundesrepublik zum Laufen zu bringen, kam im Haus Nummer 87, direkt an der Ecke Lornsenstraße, Astrid Schulzke im Juni 1956 zur Welt. Ihr Geburtsname war Belitz. Eigentlich sogar Astrid von Belitz, aber die Zeiten sprachen dagegen, erzählt sie: „Mein Vater war von altem Adel aus Brandenburg. Er fand aber, alle Menschen sollten gleich sein und gleiche Rechte haben. Deshalb wollte er ein Kommunist sein und legte seinen ollen Adelstitel ohne Rittergut in die Schublade. Dafür konnte man sich schließlich sowieso nichts kaufen und Kommunisten mochten keine Adeligen. In Frankreich hatte man ihnen einfach den Kopf abgeschlagen. Ich war deshalb ganz froh, dass wir kein Rittergut mehr hatten.“

Eine Erleichterung, die natürlich erst etwas später einsetzte, denn vorerst erlebte die kleine Astrid einen überschaubaren Alltag, der typisch für viele Familien in Neumünster gewesen sein dürfte. Geburt zu Hause mithilfe der Hebamme Frau Meckert, ihrerzeit als Mudder Griebsch für viele Eltern der helfende Engel. Astrids Mutter hatte vor der Geburt extra eine weiße Ausfuhrgarnitur für die Kleine gehäkelt, während ihr Vater im Wohnzimmer auf der Gitarre spielte und die Nachbarschaft mit seinen Liedern über Elisabeth unterhielt, die so schöne Beine hätt ...

Die ersten sechs Lebensjahre waren sehr übersichtlich. Natürlich gab es Verkehr auf der Christianstraße, aber der war spärlich und kündigte sich meist von Weitem an: Auf dem holperigen Kopfsteinpflaster ratterten die Räder unüberhörbar laut, und so manche Fensterscheibe zitterte und klirrte gleich mit, waren doch viele Häuser vom Krieg vorgeschädigt. Das Lieblingsfahrzeug der Kinder war nicht weniger auffällig und wurde stets begeistert empfangen: Fröhlich liefen die Mädchen und Jungen selbst früh am Morgen auf die Straße und feierten die muskulösen Kaltblüter, die behäbig den Wagen der Holstenbrauerei zogen. Kraftpakete mit langer Mähne, die unendlich gutmütig wirkten. Kein Wunder, dass auch die Erwachsenen sie mochten – neben dem Bier natürlich, das in Neumünster gebraut wurde.

Für die kleine Astrid Schulzke tobte das Leben ansonsten hinterm Haus: „Meine kleine Welt bestand aus dem Hinterhof mit den hohen Bäumen, einer Sandkiste und vielen netten Müttern, die auf alle Kinder Obacht gaben, egal zu welcher Familie sie gehörten. Die Väter sahen wir kaum, denn damals arbeitete Mann noch sechs Tage die Woche. Und natürlich gab es jede Menge andere Kinder. Drei und mehr Geschwister zu haben war eher die Regel."

Astrids großes Vorbild war ihr vier Jahre älterer Bruder Ingo, und wie sich das gehörte, waren die Rollenbilder klar festgelegt: „Ich wollte so sein wie er, ein Junge. Jungs durften nämlich auf Bäume klettern und Fußball spielen und miteinander raufen. Mädchen durften das nicht. Sie mussten immer lieblich duften und durften sich niemals schmutzig machen und bekamen eine Lederhose in roter Farbe mit Herzen als Taschen. Ziemlich peinlich war das." Ein erster Versuch, mit den Konventionen zu brechen, scheiterte am Friseur Hansen. Der sollte Ingo einen echten Jungenhaarschnitt verpassen. „Also ging ich einfach mit und behauptete mit fester Stimme, mir sollten auch die Haare geschnitten werden. Herr Hansen ließ sich aber nicht von einer vierjährigen Göre hereinlegen und so musste ich weiter mit meinem Bubikopf herumlaufen."

Zum Trost spendierte die Mutter ein Eis bei Reimers. Für Astrid „das leckerste Eis der Welt": „Das Erdbeereis schmeckte nach echten Erdbeeren und nicht nur süß. Die Eisdiele lag für uns auf dem Weg in die Stadt und ohne Erdbeereis ging ich keinen Meter weiter." Der Name Reimers ist mit gleich mehreren Häusern

Die Schalterfabrik der AEG prägte für Jahrzehnte das Bild der Goethestraße und der nördlichen Christianstraße. Das Foto stammt vom Beginn der 60er-Jahre

in der Christianstraße verbunden. Claudia Reimers, deren Vater die ehemalige Eisdiele Lehmann übernommen hatte, erinnert sich: „Er hat sie 41 Jahre unter ‚Imbiss Gaststätte Reimers' geführt. Zunächst war es nur die linke Seite des Hauses, 1974 übernahm er das angrenzende Uhren- und Schmuckgeschäft Liss und baute seinen Imbiss weiter aus." Weitere 16 Jahre später kam das ehemalige Möbelgeschäft Lampe dazu, das zu einem Clubraum wurde.

Das Café Reimers selbst hatte einen guten Ruf an dem Ort, an dem es einst sogar eine kleine Verkaufsfiliale von Rudolf Karstadt gab. Als der an diesem Standort jedoch keinen wirtschaftlichen Erfolg hatte, kaufte Claudias Opa Gustav Reimers das Haus. „Mein Urgroßvater und später dann mein Großvater führte es. Dieses Café war ein Tanz- und Varieté-Cafe. Es gibt sogar noch ein sogenanntes Künstleralbum aus ganz alten Zeiten."

Café Reimers, später das legendäre „Oberbayern" und das „Belle Epoque" – für Astrid Schulzke wurden derartige Lokalitäten natürlich erst im weiteren Verlauf des Lebens interessant. Ihre klei-

Kindheit in Neumünster – da gehörte der Weihnachtsmann natürlich auch dazu.

ne Kinderwelt spielte sich bei Tageslicht, beim Spielen und beim Einkaufen als Begleitung an der Hand der Mutter ab, etwa beim Milchmann Lau in der Lornsenstraße, gleich um die Ecke: „Da kaufte meine Mutti mir manchmal für zehn Pfennig Dauerlutscher. Die Milch wurde noch in eine eigens dafür mitgebrachte Milchkanne abgefüllt und man durfte anschreiben, wenn mal wieder kein Haushaltsgeld in der Kasse war." Milch wurde seinerzeit und in den darauffolgenden Jahrzehnten als überaus gesundes Nahrungsmittel angepriesen („Die Milch macht's" – „Milch macht müde Männer munter"). Ob nun in Kannen abgefüllt oder in sogenannten Schläuchen verkauft, lustig wabbelig anzufassen, manchmal aber leider undicht. Nicht zu vergessen die Dosenmilch für den Kaffee. Um die zu öffnen, gab es extra einen Holzgriff mit einem Piekser dran. Dessen Benutzung allerdings war mühsam und eine kleine Wissenschaft für sich: Ein oder zwei Löcher, das war

die Frage, an der sich die Geister schieden. Getropft und gekleckert hat es immer.
Zurück auf die Christianstraße. Neben einer Wäscherei im Hinterhof, dem Bäcker und einem Edeka gab es so manches kleine Geschäft, das für Kinder das größte war. Für Familie Belitz etwa der Schlachter, direkt im Nebenhaus: „Seine Wurstreste waren die ewige Begierde meines ständig hungrigen Bruders Ingo", lacht Astrid Schulzke. „Für zehn Pfennig bekam man eine kleine Tüte voll Wurstzippel und mit Glück war auch mal ein abgebrochenes Würstchen darin. Mein großer Bruder Uwe ging mit den Söhnen des Schlachters auf die Mittelschule, weil sie so schlau waren. Aufs Gymnasium kamen damals eher nur Kinder von Eltern, die viel Geld hatten." In der Christianstraße waren verschiedene Berufsgruppen vertreten, wie die Adressbücher dokumentieren, die im Stadtarchiv zu finden sind: Gerber, Tuchmacher, Näher und Textilarbeiter, Spinner, Zwirner, Rundwirkeinrichter oder Appreturmeister. Längst vergessene Tätigkeiten, die in der Mitte der 60er-Jahre bei uns ausgeübt wurden.
Im oberen, stadtferneren Teil der Christianstraße waren derweil vor allem technische Berufe gefragt, denn hier am Berliner Platz prägten nach dem Zweiten Weltkrieg drei große Buchstaben das Arbeitsleben: AEG. Mehr als 2000 Menschen waren zu besten Zeiten in dem Unternehmen beschäftigt, es gab ganze AEG-Familien. Die von Inga-Lill Gärtner zum Beispiel: Der Großvater hatte bereits in der Schalterfabrik in Berlin gearbeitet. Als die Hauptstadt geteilt wurde, verließ die AEG den Ostteil Berlins in Richtung Neumünster und mit ihr viele Mitarbeiter und ihre Familien. Während die meist in den rot verklinkerten Mehrfamilienhäusern unterkamen, übernahm die AEG das Gebäude, in dem zuvor der Rüstungsbetrieb Land und See unter anderem Torpedo-Sprengköpfe hergestellt hatte. Fortan wurden Schalter

und Schaltschränke gebaut, etwa für Umspannwerke und die Pariser Metro. Dafür wurde das Werk mehrfach erweitert.
Dort, wo sie in die Christianstraße mündet, wird die Goethestraße von dieser Entwicklung geprägt. Fabrikgebäude entstanden auf beiden Seiten der Straße, erst verbunden durch einen 80 Meter langen Tunnel, später mit einer Fußgängerbrücke. „Um die zu installieren, wurde die Straße nachts gesperrt. Das war schon ein Ereignis, da war ich mit vielen anderen neugierigen Jugendlichen natürlich dabei“, erzählt Inga-Lill Gärtner. Am Frühstückstisch wurde darüber diskutiert, ob das Bauwerk wirklich sinnvoll oder doch eher ein Prestigeobjekt war. Ihr Vater schließlich nutzte weiterhin den Tunnel.
Auf Schönheit war die auffällige Konstruktion auf jeden Fall nicht ausgelegt, denn die neue Fußgängerbrücke erinnerte an die schmalen Gänge, durch die Passagiere auf dem Weg zum Flugzeug oder zum Schiff geleitet werden. Die Autofahrer, die den Ring passierten, schauten gut 20 Jahre lang auf den auffälligen Schriftzug auf der Brücke über ihren Köpfen – zunächst auf den der wohlvertrauten AEG, später auf das in sich verschlungene Logo von General Electric. Genützt hat es der Firma nicht viel, wie wir heute wissen. AEG ist ebenso Neumünsteraner Geschichte wie die gesamte Textil- und Lederindustrie der Stadt.
Geschäfte, einzelne Gaststätten und Kneipen gibt es in der Christianstraße bis heute. Sie ist eine von vielen Hauptstraßen der Stadt, in denen Menschen heute die Erinnerungen von morgen leben. Und Astrid Schulzke? Als das Wirtschaftswunder ihre Familie in den 60ern erreicht hatte, baute sie sich ein eigenes Siedlerhäuschen auf einem Acker in Tungendorf. „Und da passierte es dann: Der erste Junge pfiff hinter mir Mädel mit den langen Haaren und der Twiggyfigur her. Spätestens von diesem Moment an wollte ich kein Junge mehr sein.“

Ein halbes Leben in Badehose

„Schwimmen bezeichnet das Schweben eines Körpers in einer Flüssigkeit und die Fortbewegung von Lebewesen im Wasser“, heißt es im Online-Lexikon. Nicht erwähnt wird, dass der Mensch unfreiwillig literweise Wasser zu sich nimmt, bis er dieses Schweben und die Fortbewegung beherrscht. Da kann es enorm helfen, Bekanntschaft mit Bernd Czysch zu machen. Der bringt nämlich seit mehr als fünf Jahrzehnten ganzen Generationen von Nichtschwimmern bei, wie sie den Kopf über Wasser halten und vorankommen.

Für Kinder hat sich im Laufe der Zeit gar nicht so viel verändert: umziehen in der Sammelumkleide, ein verstohlener Blick auf die anderen Nichtschwimmer, schnell abduschen und dann im großen Gewusel ab zum Schwimmbecken. Nicht zu vergessen die Ermahnung eines Erwachsenen, nicht zu rennen, weil der Boden glatt sein kann. Und die Schmerzen nach dem Ausrutschen, weil man nicht darauf gehört hat. „Am wichtigsten ist es, dass erst mal die Angst vorm Wasser verschwindet; bis zum ersten Sprung vom Beckenrand braucht man viel Geduld“, lächelt der erfahrene Schwimmlehrer gutmütig. „Das ging ja vielen von uns auch so.“ Heute wie damals versuchen die Mädchen und Jungen zunächst im Wasser zu gleiten, um Vertrauen zu gewinnen. Wie kann man sicher sein, dass das Wasser einen Menschenkörper tatsächlich tragen kann?

Trotz einer großen Auswahl an Hilfen wie Schwimmnudeln, Brettern, Reifen oder Schwimmflügeln hat sich ein Klassiker bewährt. Eines von den Teilen, die viele Neumünsteraner einmal um Bauch oder Hüfte getragen haben, ohne den Namen zu kennen: „Das Ding heißt Nesselkissen“, erklärt Bernd Czysch und ist nach wie vor von diesem unprätentiösen Hilfsmittel überzeugt.

„Die Dinger sind nicht so grell wie herkömmliche Schwimmflügel und riechen auch nicht so ungesund nach Plastik. Sie sind aus besonderem Stoff, werden nass gemacht, speichern etwas Luft in sich und werden dann den Nichtschwimmern umgebunden."
Nach und nach wird an jedem Kind die Schwimmhilfe befestigt und es zieht seine Kreise. Der Schwimmlehrer ist mittendrin, immer bereit einzugreifen. Und weil die Kissen kein Ventil haben, muss er die Luft dann und wann nachfüllen – oder auch nicht: „Das ist der besondere Trick. Die Luft entweicht nach und nach oder ich kann sie auch unauffällig rauslassen, wenn das Kind geübt genug ist. Das klappt dann, weil sie es ja nicht wissen. Ist eben Kopfsache – ohne Kissen gingen sie unter."
Wie vielen Kindern Bernd Czysch auf diese Weise zunächst im Klosterbad und mittlerweile im Bad am Stadtwald die Angst vor dem Wasser genommen hat, kann er nicht sagen. Er geht von 80 bis 100 Schülerinnen und Schülern pro Jahr aus – 5000 sind es also allemal gewesen. Merken kann er sich die alle beim besten

Fast 100 Jahre lang wurde in der Klosterstraße geschwommen. 1952 wurde das Stadtbad eröffnet, Generationen haben hier schwimmen gelernt. Das Gebäude ist längst abgerissen, den Namen Klosterbad trägt heute die Seniorenresidenz an diesem Ort.

Willen nicht, zumal er die meiste Zeit nur die Köpfe sieht. Umgekehrt ist das anders: Auch wenn der Schwimmlehrer in der Halle nur mit Badehose, Badelatschen und höchstens mal einem T-Shirt bekleidet ist, erkennen ihn seine ehemaligen Schüler sogar auf dem Trockenen. Das war früher schon so und seit er auffällig schneeweißes Haar hat, gilt das erst recht: „Wenn ich angesprochen werde, krieg ich schon mal 'nen Schrecken, wenn der Junge, der mir in der Schwimmhalle bis zum Bauchnabel ging, plötzlich ein langer Lulatsch ist. Aber ich freu mich dann. Auch wenn die, denen ich damals das Schwimmen beigebracht habe, heute ihre Kinder zu meinem Unterricht bringen."

Dem Schwimmlehrer fällt auf, dass vielen Kindern die Beweglichkeit fehlt, die früher selbstverständlich war. „Alleine schon, weil jeder von uns damals Hinkepott und Seilspringen gemacht hat. Ich konnte sogar mit dem Zeh in der Nase bohren", erzählt Czysch, schmunzelt und gibt dann freimütig zu: „Na ja, sowas muss nun auch nicht sein. Und heute klappt das auch nicht mehr."

Gelegenheiten, sich an frühere Jahrzehnte zu erinnern, gibt es genug. Der Höhepunkt jeder Stunde war seit jeher das Après-Schwimmen im flachen Wasser. Laut wurde getobt und gespielt, bis die Mädchen und Jungen am liebsten gar nicht mehr herauswollten. Das war beim kleinen Bernd nicht anders: „Im Wasser hab ich mich immer wohlgefühlt. Fußball und Leichtathletik waren nie so mein Ding. Ich bin lieber geschwommen." Entweder in der Stör, ganz in der Nähe seines Elternhauses in der Kampstraße in Gadeland, oder es ging mit dem Fahrrad die schmale und noch nicht ausgebaute Boostedter Straße runter ins Klosterbad. Bernds Begeisterung ging viel weiter. Bereits mit 15 Jahren engagierte er sich bei der Deutschen Lebens-Rettungs-Gesellschaft DLRG und blieb. Schüler, Lehrling, Elektromechaniker bei AEG und nun Ruheständler – alleinstehend, verheira-

Das Schwimmzeugnis wurde kleiner, die Anforderungen größer: Aus Frei- und Fahrtenschwimmer und Jugend-Schwimmschein wurden 1978 Bronze, Silber und Gold.

tet, Vater und Opa; das Leben hat sich gewandelt, das Hobby ist geblieben. Bis heute haben sich bei ihm viele Ehrenämter in unterschiedlichen Funktionen angesammelt sowie sämtliche Verdienstmedaillen, die die DLRG überhaupt zu vergeben hat. Sogar das Verdienstkreuz am Bande.

In der Regel dauert es 15 Wochen, bis aus einem Nichtschwimmer ein Schwimmer wird. Bis 1978 gab es als Beleg das faltbare blassgrüne Jugendschwimmzeugnis. Nach bestandener Prüfung, versteht sich. Für den „Freischwimmer" waren 15 Minuten Dauerschwimmen und ein Sprung aus einem Meter Höhe gefordert, für den „Fahrtenschwimmer" verdoppelte sich die Schwimmzeit und gesprungen werden musste vom 3-Meter-Turm. Dafür gab es den Aufnäher für die Badehose, dessen stilisierte Wellen auch gut als Möwen durchgegangen wären. Die heutigen Abzeichen in Bronze, Silber und Gold sind da klarer, der Jugend-Schwimmpass ist kleiner – die Anforderungen dafür allerdings größer. Allein für Bronze werden ein Sprung vom Beckenrand, einer vom Startblock oder vom 1-Meter-Brett, 15 Minuten lang mindestens 200

Meter Schwimmen in Bauch- und Rückenlage, zwei Meter Tieftauchen und die Baderegeln erwartet. Allen Abzeichen gleich ist die häusliche Herausforderung, die mit ihnen verbunden ist: Ein rundes Emblem, das auf ein viereckiges Stoffstück gestickt ist, lässt sich gar nicht so leicht an der Badekleidung festnähen, wenn es denn einigermaßen meisterlich aussehen soll.

Im Wasser selbst hat sich die Technik indes weiterentwickelt, jedenfalls für alle, die zeitgemäß richtig vorankommen wollen. Die üben zunächst einmal zu blubbern: „Es wird von Anfang an im Wasser ausgeatmet. Dadurch sind der Nacken und der untere Rücken hinterher nicht mehr so verspannt“, weiß Bernd Czysch. Und für die Beine hat der Frosch als Vorbild ausgehüpft. Generationen von Brustschwimmern bewegten sich (und wenn sie nicht untergegangen sind, tun sie es bis heute) mit dem typischen Beinschlag der Amphibie.

Mittlerweile geht es effizienter und schneller, für Ungeübte klingt es aber kompliziert: „Beim Brustschwimmen ziehst du deine Beine nach dem Armzug an und bewegst dabei deine Fersen zum Gesäß. Deine Zehen sind angezogen, deine Knie zeigen weitestgehend nach unten“, heißt es im Lehrbuch. „Danach stößt du dich mit nach außen und abwärts gerichteten Füßen ab.“ Unverständnis bei den Älteren? Kein Bild im Kopf? Von oben betrachtet, sollte es wie ein Herz aussehen. Immer noch kein Bild? Spätestens jetzt empfiehlt sich ein Besuch bei Bernd Czysch im Bad am Stadtwald. Selbst mit mehr als 70 Jahren unterrichtet er noch dreimal in der Woche. Heute wie damals mit großer Begeisterung: „Wenn ich nach Hause komme, sagt meine Frau ganz oft zu mir: Du kannst jetzt wieder leiser reden“, lacht er. „In der Schwimmhalle braucht man eine kräftige Stimme, das lässt sich manchmal nicht so schnell abstellen.“ Stille Wasser sind eben tief und angehende Schwimmer ziemlich laut.

Weitere Bücher aus der Region

Kiel – Aufgewachsen in den 50er und 60er Jahren
Kurt Geisler
64 Seiten, zahlr. Farbfotos
ISBN 978-3-8313-3383-7

Kiel – Aufgewachsen in den 70er und 80er Jahren
Simon Voss
64 Seiten, zahlr. Farbfotos
ISBN 978-3-8313-3541-1

Starke Frauen aus Schleswig-Holstein
Manuela Junghölter
96 Seiten, zahlr. Farbfotos
ISBN 978-3-8313-3256-4

Laat di Tiet is ok en Walzer Plattdeutsche Geschichten
Karl-Heinz Groth, Heinke Hannig, Marianne Ehlers, Heiko Gauert
80 Seiten
ISBN 978-3-8313-2884-0

Wartberg-Verlag GmbH
Im Wiesental 1 34281 Gudensberg
www.wartberg-verlag.de

Bücher für Deutschlands Städte und Regionen
Tel. 0 56 03 - 93 05 0
Fax. 0 56 03 - 93 05 28